日経文庫
NIKKEI BUNKO

サーキュラーエコノミー

野田由美子

日本経済新聞出版

はじめに

限界点に達した人類文明

サーキュラーエコノミーという言葉がようやく日本でもビジネスパーソンの必須用語となり、マスコミにもしばしば登場するようになってきました。サーキュラーエコノミーが、なぜ、いま必要とされているのでしょうか。これまでのリニアエコノミーとは何が違うのでしょうか。どのような未来を拓き、その実現は私たちにどのような課題や挑戦を突きつけるのでしょうか。

結論から申し上げると、サーキュラーエコノミーは、これまでの私たちの経済やビジネスのあり方を根本的に塗り替える革命です。しかもそのインパクトは、経済やビジネスにとどまらず、社会、地域コミュニティ、そして私たちの暮らしそのものに大きな転換をもたらすものなのです。

ではなぜ、そのような革命的な挑戦が必要なのでしょうか。

答えは言うまでもありません。20世紀のグローバル規模での未曾有の経済成長を経て、私たちの人類文明が大きな限界点に達しているからです。

グレート・アクセレレーションという言葉を皆さんはご存じでしょうか。20世紀後半以降、人類の活動が指数関数的に拡大したことを表現するものです。世界人口や、経済指標であるGDPはもちろん、エネルギーの使用量も、大気中のCO_2濃度も、地球の平均気温も、海洋の酸性化も、熱帯雨林の減少も、生物多様性の損失も、飛躍的に増加しています。

この20世紀の経済活動を象徴するのが、「大量生産、大量消費、大量廃棄」というリニアエコノミーです。企業は「作っては売り」、消費者は「買っては捨てる」を繰り返し、私たちの経済はこれまで拡大の一途をたどってきました。そしてそれはビジネスにとっても好都合でした。今あるものが古くなったり、陳腐化しないと、消費者は新しいものを買ってくれませんから。

マーケティングに、「計画的陳腐化（planned obsolescence）」という概念があります。商品開発にあたって、計画的に商品を陳腐化させ、消費者が新製品を購入したり、買い替えたりすることを織り込むというものです。この原則にもとづいて、わずかにデザインが変わり、少しだけ機能が付加された新製品が開発され、PRされ、斬新さを武器に大量に販売されます。

大量生産のスケール・メリットは大きく、製品が壊れたり部分的に損傷しても、修理をする手間やコストを考えると、新製品に買い替えるほうが圧倒的に安価で合理的です。私たち消費者も、この大量生産・大量消費・大量廃棄という経済システムの参加者になっているのです。

経済システムの抜本的変革

こうした経済活動の結末はどうでしょうか。消費への欲望を煽《あお》り続けられ消耗する私たちも問題ですが、それ以上に深刻なのは地球への負担の増大であり、どのデータをとっても、経済活動に比例して右肩上がりになっています。本来、このことはデータを見るまでもなく、直感的に自明のはずです。しかし、私たちは、この生産→消費→廃棄という直線型の経済システムに慣れ親しみすぎて、不都合な真実から目をそむけ続けてきてしまったのでしょう。

世界人口が2080年代半ばに約103億人に到達する見込みのなか、温室効果ガス（GHG）の排出はすでに地球の温度を危険な水準まで押し上げています。2024年の平均気温は観測史上最も高く、パリ協定目標の閾値である1・5度を超えた最初の年となったことが、欧州連合（EU）の「コペルニクス気候変動サービス」により公表されました。産業革命前の水準を1・6度上回る急速な温暖化は、世界各地で異常気象、熱波、山火事、巨大台風、洪水をもたらし、私たちの生活と生態系に深刻な影響を与えています。

もはや目をそむけ続けることはできません。私たちは、ようやく経済システムの抜本的な変革の必要性に同意せざるをえなくなっています。それが、「リニア」から「サーキュラー」へという革命なのです。

どんな未来をもたらすのか

サーキュラーエコノミーは、モノを使い捨てにせず、リペアやリファービッシュ、あるいはアップサイクル、水平サイクル、ダウンサイクルという様々なリサイクル手法を通じて資源を循環させると同時に、地球や自然から搾取するのではなくむしろその再生に努めるというものです。

それはどんな未来を私たちにもたらすのでしょうか？　戦後の貧しい日本では、お古のセーターを子どもたちで使いまわし、破れた肘にもあて布をし、最後は糸をほどき、時には染め直し、再利用をしていました。そんな先祖返りのような不自由な生活に戻るのかと思われる方もおられるかもしれませんが、それは不可能でしょう。

グローバルな交易から生まれる便益は、私たちの豊かで多彩な生活を支える柱であり、とりわけ日本のような資源に乏しい国では、輸出入を通じたグローバルな経済活動を否定するところに未来は生まれないはずです。グローバル規模での必要な資源の移動を前提としながらも、デジタル技術や科学技術イノベーションを最大限に活用し、モノや資源を循環させることで価値を生み出し、むしろ経済の持続性を確保し、雇用を創出しようとするのがサーキュラーエコノミーです。

いつの時代も、変革は戸惑いと不安を生み、既存のやり方に慣れ親しんだ私たちには負荷がかかります。しかし、サーキュラーエコノミーは、経済や私たちの暮らしにとってコストを発生させるばかりでは決してありません。新しい経済システムへの転換は、起業家精神を刺激し、スタートアップの誕生や既存企業のイノベーションを誘発します。

生産から消費への（一般に「動脈」と呼ばれる）プロセスと、消費から再生への（一般に「静脈」と呼ばれる）プロセスの融合は、産業地図を塗り替え、新たなビジネス機会をつくり出します。とりわけ地域コミュニティでは、循環の小さな輪を支える新たなローカルな（地元に密着した）プレーヤーが生まれてくるはずです。

また、地域コミュニティにおける資源の循環の実現には、住民の参加が不可欠となることから、循環プロセスのなかで育まれる人々のつながりが、人間関係からなる社会関係資本を生み出し、共に地域を支えるメンバーであるといった仲間意識や連帯感を拡げ、人々のウェルビーイングの向上にも寄与することが期待できるのです。

繁栄を続けるための必要条件

サーキュラーエコノミーは、一過性の流行では決してありません。人類が22世紀に向けて繁栄を続けるための必要条件です。その実現には、モノの製造や流通、回収・再生に関わる企業の活動のみならず、その企業間のやり取りをつなぐ情報やデジタルの仕組み、活動の再構築を後押しする金融が必要となります。また、政府や地方自治体による積極的な政策の推進、規制やルールの構築が不可欠です。より根本的には、私たち一人ひとりが消費者として、さらには社会の一員として、新しいマインドセットと行動様式、そして当事者意識を持って関与することが肝要となるのです。まさに総力戦が求められているのです。

この本は、サーキュラーエコノミーの入門書です。一人でも多くの方々に問題意識を持っていただけるよう、ビジネス、政府、地方自治体、市民団体それぞれに関連するテーマごとに章立てをし、できるだけ多くの事例を紹介するよう心がけています。

読者の皆様には、自身に関連する章から読み進めていただくこともできますが、サーキュラーエコノミーが、自身の所属するセクターの利害にとどまらず、私たち人類が持続的な繁栄に向けて向き合わざるをえない中長期的かつ包括的な挑戦であることを忘れずに、立場や利害を超えて協力し、共に前進することの重要性を意識していただければと思います。この本を通じて、サーキュラーエコノミーへの理解が深まり、共に持続可能な未来を築いてゆく一助となれば幸いです。なお、本文中の敬称は略させていただきました。

サーキュラーエコノミー　目次

第1章　サーキュラーエコノミーとは何か

第2章　サーキュラーエコノミーの潮流

第3章　ビジネス変革とイノベーション　83

第4章　経営の新たな挑戦と未来像

第6章　都市のあり方を変える

第7章　市民力と地域力をつくり出す　191

第1章 サーキュラーエコノミーとは何か

欧州で始動したサーキュラーエコノミーの潮流は世界へと波及し、日本でも急速に関心が高まっています。今、なぜ、サーキュラーエコノミーなのでしょうか。サーキュラーエコノミーとは、どのようなものなのでしょうか。日本がこれまで進めてきた3R（Reduce-Reuse-Recycle）とは何が異なるのでしょうか。第1章では、サーキュラーエコノミーの輪郭を明らかにしていきます。

1　いまなぜ、サーキュラーエコノミーか

リニアエコノミーからサーキュラーエコノミーへ

サーキュラーエコノミー（循環型経済：CE）とは、「資源を大量に採取し（Take）、大量に製品を作り（Make）、大量に廃棄する（Dispose）」という従来のリニアエコノミー（直線型経済）に代わり、資源を循環させることで廃棄物を無くし、資源の投入を抑える、新たな経済システムです。

私たちは、使い捨て製品や安価なプラスチック用品などの便利なモノに囲まれて、豊かで快適な生活を享受してきました。携帯電話、家電、自動車、ファッションに至るまで、既存の製品がまだ使用できるにもかかわらず、わずかな機能が付加された新製品や流行品に買い替え、

古いモノを廃棄してきました。計画的に製品が壊れたり陳腐化するように設計する生産者側の手法や、ブラックフライデーが象徴する購買欲を煽るマーケティング手法も、消費者の消費と廃棄を助長しています。

年間2億トン近く廃棄されるプラスチックは、完全に分解されずにマイクロプラスチックとなって、海洋、河川、土壌などの環境中に流出し、汚染や生態系損失を生み出しています。電子・電気機器の廃棄量は年間6200万トンに上り、小型電子機器には、金・銀・プラチナなどの貴金属やレアアースといった貴重な鉱物資源のみならず、環境や健康被害をもたらす有害物質も含まれています。

2000年代から浸透したファストファッションも、廃棄の山を生み出します。世界全体で、毎秒トラック1台分の衣服が埋め立てまたは焼却処分され、衣料品産業は年間930億立方メートルの水を消費し、洗濯時に発生する合成繊維が海洋マイクロプラスチック汚染の約35%を生み出している、といわれています。

食品も同様です。世界の年間食料生産量のなんと3分の1にあたる13億トンが廃棄されています。世界中から調達された食材を使って生産され、安全で便利なパッケージに包まれた食品は、食材輸送に伴う温室効果ガス排出、自然資本の破壊、プラスチック汚染を引き起こす大きな要因となっているのです。

こうした「大量生産・大量消費・大量廃棄」の生活を、私たちはいつまで続けることができるのでしょうか。

2024年3月、世界の著名な科学者や専門家で構成される国連環境計画の「国際資源パネル(International Resource Panel:IRP)」は、世界の資源(農作物、森林・畜産・水産資源、化石燃料、鉱物資源)の採取量が過去50年間に3倍以上に急増し、驚くべき規模での負の影響をつくり出していると警告しました。資源の採取と加工が、気候変動をもたらす温室効果ガス排出量の55%以上、汚染による健康被害の最大40%、生物多様性損失の90%以上の要因になっている、との科学的データを明らかにしたのです。そして、このままでは、資源の採取量は2060年までにさらに60%増え、地球システムや生態学的プロセスに壊滅的影響を引き起こし、私たちの経済的繁栄や人類のウェルビーイング(幸福)に甚大な被害をもたらす可能性がある、としています。

これまで私たちが慣れ親んできた「大量に作って、大量に売る」という生産側のあり方と、「買って、使って、捨てる」という消費側のあり方を抜本的に変革し、資源を循環させて廃棄物と汚染を無くし、持続的な経済成長と人々のウェルビーイングを実現する試みが、サーキュラーエコノミーという挑戦なのです。

プラネタリーバウンダリーと持続可能性

サーキュラーエコノミーが世界の潮流になりつつある背景を理解するうえで最も重要な概念が、「プラネタリーバウンダリー（地球の限界）」です。

これは、2009年にスウェーデン出身の環境学者ヨハン・ロックストローム博士（現ポツダム気候影響研究所所長）を中心とする世界の研究グループが提唱した科学的概念で、人類が安全に活動できる地球システムの限界（閾値）を定義したものです。

それによると、地球システム全体の安定性と復元力を維持するためには9つの重要なプロセスがあり、それらが限界値を超え、相互影響によって複合的な圧力が地球に加わると、地球システム全体の均衡が崩れて不可逆的な状態に達し、私たち人類の安全な活動や生活が脅かされる危険性がある、というものです。

9つのプロセスとは、①気候変動（大気中のCO_2の濃度と、気候システムにおけるエネルギーバランスを定量化した放射強制力）、②生物圏の完全性（生物多様性）、③土地利用の変化、④淡水の変化、⑤生物地球化学的循環（窒素とリンの循環）、⑥海洋酸性化、⑦成層圏オゾン層の破壊、⑧大気エアロゾルの負荷、⑨新規化学物質、です。

2023年の研究結果によれば、図1−1のとおり、9つのうちすでに6つのプロセスが限界値を大きく超え、危険な領域に突入しています。特に「気候変動」と「生物圏の完全性（生

図1-1　プラネタリーバウンダリー

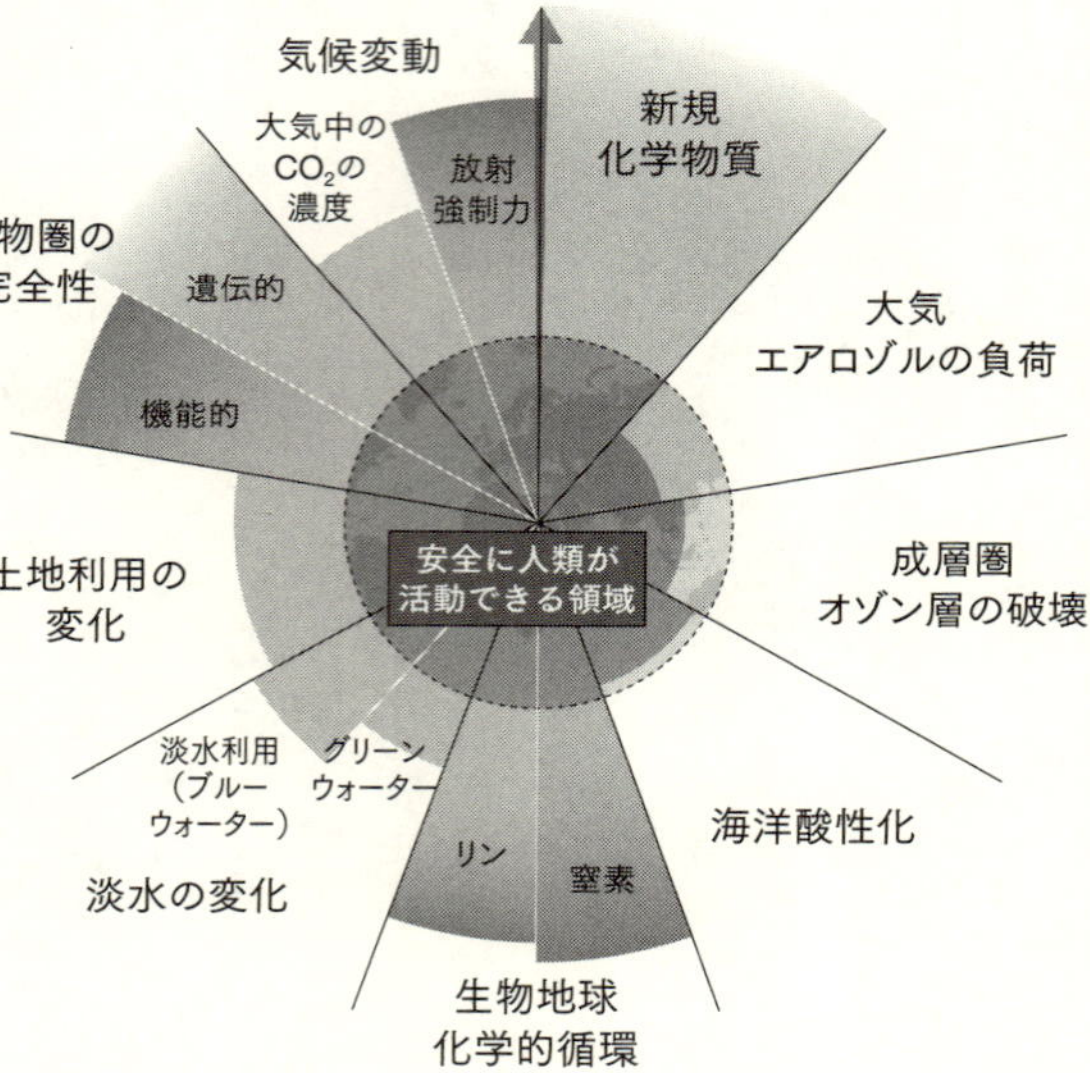

出典：ストックホルム大学ストックホルム・レジリエンス・センターのホームページ

物多様性）」は、他のプロセスにも影響を与え、地球システム全体の安定性を揺るがす可能性があることから、研究者たちは、早急な対応の必要性について厳しい警鐘を鳴らしています。2024年9月には、9つのプロセスの相互関係を踏まえた地球の健康診断「プラネタリー・ヘルス・チェック」が実施され、すでに「赤色警報レベル」に達していることが明らかになりました。

　この研究結果は、資源の循環的利用を図るサーキュラーエコノミーへの移行が急務であることを裏づけています。なぜなら、先述した国際資源パネルの報告のとおり、資源の採取と加工こそが、気候変動の原因である温室効果ガス排出の55％、生態系損失の90％を引き起こしているからです。

資源の枯渇と経済安全保障

サーキュラーエコノミーへの潮流を動かしているもう一つの重要な背景が、枯渇する資源をめぐる国際的な争奪戦と、それに伴う経済安全保障の問題です。

国連による2024年の人口推計によれば、世界の人口は、2024年の82億人から増加し2080年代半ばには103億人でピークに達するとされており、新興国の経済成長とも相俟って、資源をめぐる争奪戦はさらに厳しさを増し、資源価格の上昇・変動リスクの増幅や資源の枯渇そのものが懸念されています。同時に、資源採掘による環境破壊や生態系への影響も、資源の採掘コストの上昇要因として指摘されます。

加えて、ロシアのウクライナ侵略や米中対立の激化などの地政学リスクの増大、自国ファーストの動きの台頭、グローバルサウスも巻き込んだ世界の分断と混迷は、エネルギー・鉱物資源を他国に依存する経済システムのもろさを露呈しています。1989年のベルリンの壁崩壊によりグローバリゼーションが一気に加速し現出した「フラット化する世界」において、必要なものを必要なだけ世界から自由に調達可能であった構図は、確実に変容しつつあります。

とりわけ、脱炭素時代の鍵を握るEVバッテリーや太陽光パネル・風力発電などの材料として必要なリチウム、コバルト、ニッケルなどの重要鉱物資源や、半導体などの先端産業に必要な希少金属の供給を、アフリカや中国などの特定国に依存することは、サプライチェーンの安定性や地政学リスクの観点から、多くの国において懸念事項となっています。

たとえば、リチウムの産出は、オーストラリア、チリ、中国、アルゼンチンに集中していますが、精製・加工まで含めると、中国が最大の処理能力を有しています。コバルト産出の7割はコンゴ民主共和国に集中しており、採掘時の人権侵害や環境問題が指摘されるうえ、精製の大部分はこちらも中国が担う構造になっています。ニッケルも、インドネシアが最大の産出国ですが、加工は大きく中国に依存しています。

できる限り資源の国内循環を進め、他国に依存しない自律型の経済システムを構築することは、国の産業競争力の観点からも、経済安全保障の観点からも、極めて重要になっているのです。

また、鉱物資源のみならず、水資源の枯渇も世界的な課題として認識されています。OECDの報告によれば、2050年までに世界人口の40％以上が水ストレス地域に住むとされ、農業生産や産業発展を阻害するリスクや、生態系への影響、さらには社会的な不平等を増大させるリスクも懸念されます。水資源の効率的管理や再生利用も含めた包括的なサーキュラーエコノミーの実現が、世界の大きな要請となっているのです。

2　サーキュラーエコノミーの基本

脚光を浴びるサーキュラーエコノミーですが、具体的にはどのようなものなのでしょうか。サーキュラーエコノミーの定義や基本的な考え方について見ていきましょう。

サーキュラーエコノミーの定義

サーキュラーエコノミーについての統一された国際的な定義は、残念ながら現時点では存在していません。現在、国際標準化機構（ＩＳＯ：International Organization for Standardization）によって、サーキュラーエコノミーに関する国際規格の策定が進んでおり、基本的な概念や用語についても専門家による作業が進行中です。その最終ドラフト（ＩＳＯ５９００４）においては、サーキュラーエコノミーは、「資源の価値を回復、保持、付加しながら資源の循環的な流れを維持するための体系的なアプローチを用い、持続可能な開発に貢献する経済システム」と定義されています。

サーキュラーエコノミー政策を世界に先駆けて推進してきた欧州連合（EU）も、明確な定義づけはしていませんが、2015年策定のCE行動計画の冒頭で、「製品、材料、資源の価値が可能な限り経済内で維持され、廃棄物の発生が最小限に抑えられるサーキュラーエコノミーへの移行は、持続可能で、低炭素で、資源効率が高く、競争力に富む欧州経済を構築するうえで不可欠な貢献である」と述べています。ここでの表現を借りれば、「製品、材料、資源の価値を経済内で可能な限り維持し、廃棄物の発生を最小限に抑える」経済の仕組みがサーキュラーエコノミーであると理解することができるでしょう。

なお、日本の環境省は、「循環経済（サーキュラーエコノミー）とは、従来の3Rの取り組みに加え、資源投入量・消費量を抑えつつ、ストックを有効活用しながら、サービス化等を通じて付加価値を生み出す経済活動であり、資源・製品の価値の最大化、資源消費の最小化、廃棄物の発生抑止等を目指すもの」と定義しています。

サーキュラーエコノミーを理解するにあたって、現在、世界の多くの政府や組織が参考にしているのは、英国エレン・マッカーサー財団の提示する考え方です。2010年に、プロのセーリング選手であったエレン・マッカーサー女史が設立した財団は、サーキュラーエコノミーの概念を開発し、研究・啓発活動を通じて世界中の企業や政府、教育機関の実践行動を促し、リニアエコノミーからサーキュラーエコノミーへの転換に大きな役割を果たしてきました。

同財団の定義では、サーキュラーエコノミーは、「設計によって廃棄物と汚染を排除し、製品と材料を使用し続け、自然システムを再生する経済システム」であり、「気候変動や生物多様性、廃棄物、汚染などの地球規模の課題に対し、システムとして解決を図るフレームワーク」であるとされています。

ここで注目すべきは、「経済システム」という表現です。サーキュラーエコノミーとは、廃棄物の削減やリサイクルといった個別の取り組みや改善ではなく、経済全体の構造的な（システマティックな）変革を意味しているのです。それは、環境保護や廃棄物管理といった個々の政策を超えて、経済活動の根本的な再構築を目指す包括的なアプローチであり、持続可能性と経済成長の両立を目指すビジョンなのです。

サーキュラーエコノミーの3原則

エレン・マッカーサー財団は、サーキュラーエコノミーへ移行するためには、3つの原則に従う必要があるとしています（図1－2）。①廃棄と汚染を出さないこと（Eliminate waste and pollution）、②製品と原材料を使い続けること（Circulate products and materials）、③自然シス

**図 1-2　エレン・マッカーサー財団による
サーキュラーエコノミーの 3 原則**

廃棄と汚染を出さない	●廃棄物は設計の失敗により発生するものである ●製品の設計にフォーカスすることで、廃棄物という概念を無くすことが可能 ●消費後に製品・素材が経済システムに再投入できるように設計する
製品や原材料を使い続ける	●製品や部品、原材料の価値を最も高く保持する形で循環させる ●枯渇性の資源は、再利用・リペア・再製造・リサイクル等により循環させる ●生物由来の再生可能資源は、最終的に自然界に戻す
自然のシステムを再生する	●自然から搾取するのではなく、自然を修復・再生する ●再生型農業の実践により、土壌を再生し、生物多様性を向上させる ●資源の循環により、より多くの土地を自然に戻す

出典：エレン・マッカーサー財団英文ホームページをもとに筆者作成

テムを再生すること（Regenerate Nature）、です。これらの原則は、世界で広く認知されており、多くの政府機関や国際機関、教育機関、企業などが参照しています。

3つの原則について、詳しく見ていきましょう。

原則①　廃棄と汚染を出さない

サーキュラーエコノミーの最初の原則は、「廃棄と汚染を出さない」です。とりわけ、製品やサービスのライフサイクル全体を考慮し、廃棄物や汚染を発生させる可能性のある要素を設計段階から排除することが重要視されています。これは、サーキュラーエコノミーを理解するうえでとても重要な考え方です。

従来のリニアエコノミーのもとでは、消費された後の廃棄物をできる限り「減らす」という考え方に立っていますが、いったん廃棄されてしまうと、混合ごみから資源を再生させるには限界があります。たとえば、プラスチックひとつとっても、その種類は100種類以上あると言われており、耐熱性、比重、耐薬品性、電気絶縁性、耐水性などの特性が異なるため、実際には、リサイクルは容易ではありません。適切に分離・選別・再生できない廃棄物は、最終的に焼却処分もしくは埋め立て処分に回され、焼却時には温室効果ガスを排出し、埋め立ては土壌や水質の汚染につながる可能性があります。したがって、スタートラインである製品の設計思想に、「廃棄と汚染を出さない」ことを入れ込む必要があるのです。

たとえば、長寿命設計、部品交換が容易なモジュラー設計、修理や分解・リサイクルがしやすい設計、アップグレードが可能な設計、単一素材・再生可能素材・リサイクル材を使った製品設計、有害物質を出さない材料を使った製品設計などです。

廃棄を「減らす」ではなく、「出さない」経済システムへの移行は、モノづくりのメーカーに劇的なビジネスモデルの変革を迫るものとなります。

図 1-3　エレン・マッカーサー財団のバタフライ・ダイアグラム

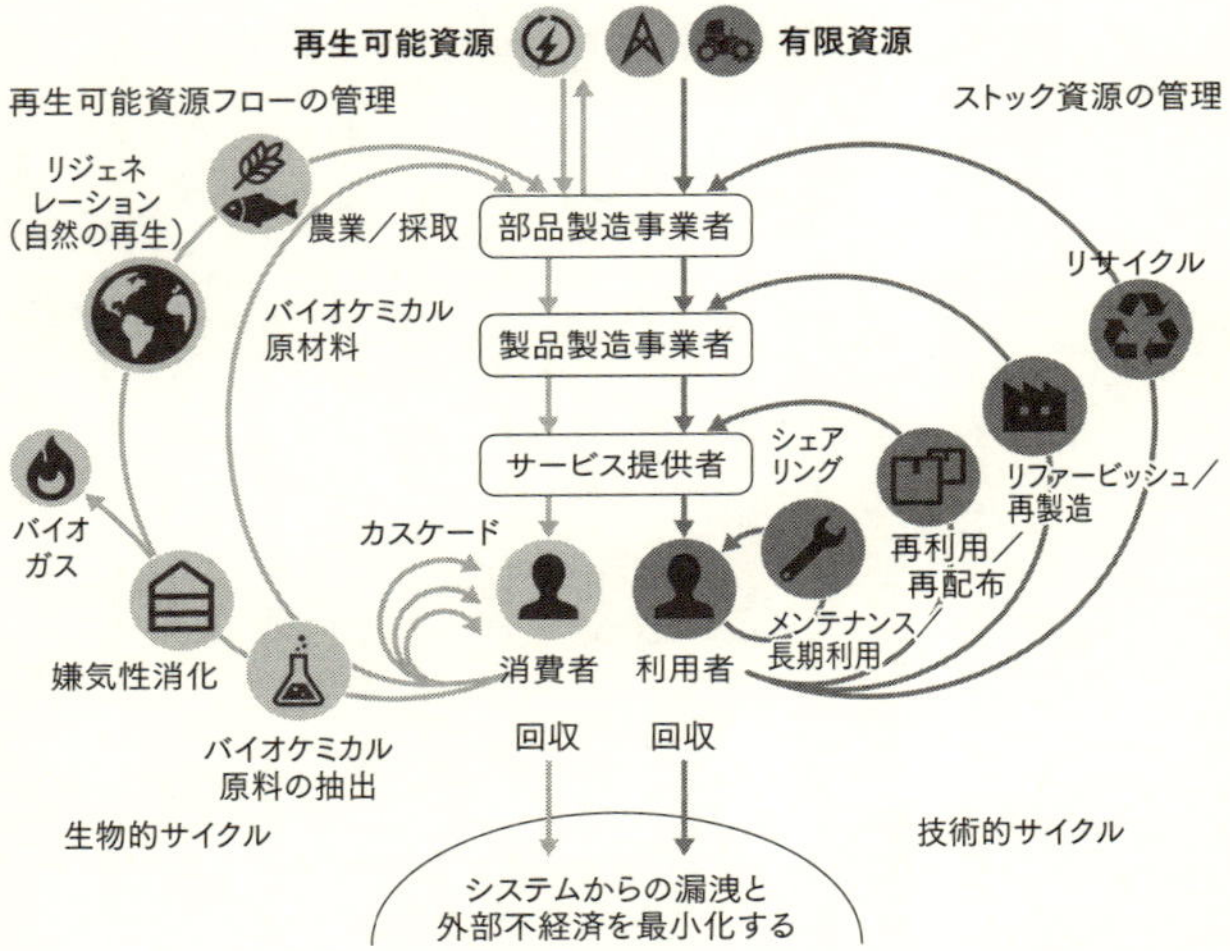

出典：エレン・マッカーサー財団ホームページから筆者和訳

原則②　製品や原材料を使い続ける

サーキュラーエコノミーの2番目の原則は、「製品や原材料を使い続ける」です。これは、製品や部品、素材、原材料などが有する価値を、最大限に高く保持する形で循環させることを意味しています。製品を製品のまま循環させ、製品として利用不能になれば部品にして循環させ、部品として利用不能となれば原材料に戻して、資源を循環し続け、無駄を無くすことを求めるのです。

エレン・マッカーサー財団では、製品や原材料を循環させ続ける方法として、技術的サイクルと生物的サイクルという2つのサイクルを呈示しています。左右に羽を開いた蝶のような形をしていることから、「バタフライ・ダイアグラム」と呼ばれます（図1－3）。このダイアグラムは、多くの大切な考えを含んでいることから、少し細かくなりますが、順次説明してゆきます。

●バタフライ・ダイアグラム（技術的サイクル）

まず右側の技術的サイクルには、化石資源や鉱物資源などの枯渇性資源を対象に、資源を循環させて継続的に利用する方法が描かれています。図中のループは、内側から外側に向かうにつれて、資源の価値が失われてゆき、優先順位が下がることを意味しています。

最初の小さいループは、製品をそのままシェアリングしたり、適切にメンテナンスして長期利用する方法を示します。次のループは、修理して再利用したり、中古品として活用したり、寄付によって他の人に譲る方法となります。

その次のループが、リファービッシュや再製造です。リファービッシュとは、初期不良品や中古品などをメーカーが修理・調整して再出荷する整備品を指します。再製造（リマニュファクチャリング）とは、メーカーが使用済み製品を回収した後に、分解・洗浄・部品交換などを経て新品同様の製品として販売することをいいます。

最後の外側のループがリサイクルです。リサイクルのアプローチは、製品を原材料レベルまで戻すことから、製造までに投入された材料やエネルギーなどの資源が無駄になるとともに、リサイクルのプロセスにも新たなエネルギーを要するため、一番外側に描かれています。このリサイクルは、新たな資源（バージン材料）を採取して生産するリニア型アプローチに比較すれば資源効率には優れているものの、「資源の価値をできる限り高く保持する」という原則に照らすと、循環型アプローチの全体においては、最も優先順位が低くなるのです。

●バタフライ・ダイアグラム（生物的サイクル）

これに対して、バタフライの左側は生物的サイクルと呼ばれ、自然界において再生・生分解することができる資源を対象としています。ここでは、農作物・畜産・水産・木材などの生物由来の資源をできるだけ高い価値で循環させ、最終的に自然界に還元し、新たな生命の源として戻してゆくアプローチが描かれています。

まず、小さな輪が数重に描かれているのがカスケード（段階的）利用です。もとの製品や素材の価値や質を段階的に低下させながらも、できる限り再利用してゆく方法を示しています。たとえば、廃棄されるはずのオレンジの皮を、まずは乾燥オレンジピールやハーブティーとして使用し、次に天然染料としてテキスタイルや工芸品に活用し、さらには粉砕して家畜用飼料に利用する、といった具合です。

素材をそのまま再利用できない場合は、バイオケミカル原料の抽出という方法で資源を循環させます。酵素処理や発酵などの生物学的方法によって、有用な原材料を取り出すアプローチです。原料となる廃棄物は、植物、藻類、微生物、農業廃棄物、食品廃棄物など多岐にわたります。これらから、セルロースなどの糖類やタンパク質、脂質などの有用成分を抽出し、石油由来の化学物質の代替材料として、バイオプラスチックや医薬品、化粧品、バイオ燃料など様々な用途に利用することができます。

先程のオレンジの例でいえば、皮からリモネンという成分を抽出し、香料や化粧品、溶剤などに活用できます。ほかにも、藻類からオメガ3脂肪酸を抽出して栄養補助食品に活用したり、コーヒーかすからポリフェノールを取り出して健康食品の原料にするなど、多様な持続可能材料を生み出すことが可能です。

さらにその外側には、食品廃棄物や下水汚泥などを含む有機廃棄物を自然に還元するプロセスが描かれています。堆肥化や嫌気性微生物による分解を通じて土壌に戻し、農作物・水産・畜産・森林などの資源の再生につなげるアプローチです。窒素・リン・カリウムなどの栄養素を抽出し、これらを肥料として農業や土地改良に利用することで、豊かな自然を再生することができます。また、土壌に戻さずに、バイオガス化してグリーンエネルギーとして活用する方法も示されています。これまで焼却もしくは埋め立て処分されていた下水汚泥を循環利用することは、温室効果ガス排出や汚染の削減にも寄与するものです。

原則③　自然システムを再生する

サーキュラーエコノミーの3番目の原則は、「自然システムを再生する」です。リニアエコノミーのもとで、私たちは自然界から資源を搾取し続け、また、廃棄物の焼却・埋め立てによって、自然を破壊し、生物多様性を毀損し、土地の栄養分を枯渇させてきました。サーキュラーエコノミーでは、それとは反対に、自然を修復・再生し、生物多様性を保全・回復し、土壌を回復し、より多くの土地を自然に戻すことを原則とします。

近年、リジェネラティブ（再生）という考え方が大変注目され、ユニリーバ社など、企業経営の中核理念に置く環境経営先進企業も現れています。これは、すでに自然環境は相当程度破壊されており、単に現状を維持するだけではもはや不十分であり、積極的に環境や社会システムを改善する必要性があるという認識にもとづくものです。そのうえで、自然界の循環プロセスを模倣し、人間の活動が生態系にポジティブな影響を与えることを目標とします。エレン・マッカーサー財団の3つ目の原則は、まさに同様の考え方に立つものといえます。

自然システムの再生には、再生型農業や再生型海洋農業、森林の再生、持続可能な木材利用、都市農園の推進や都市緑化、都市型アクアポニックス農法など、多様な方法があります。なかでも、再生型農業は重要なアプローチです。微生物の活用により、炭素を吸収する健全な土壌を構築し、食料生産からの温室効果ガス排出を削減するとともに、水を保持・給水する能力を向上させ洪水リスクの軽減にも貢献します。

たとえば、米国のパタゴニア社は被覆作物、堆肥、輪作、アグロフォレストリーなどを活用した再生農法によって食品を生産・販売しています。同社のクラフトビールは、長い根を持つ多年生の大麦を原材料に使用していますが、それによって表土を固定して侵食を防ぎ、より多くの炭素を大気より隔離するものとなっています。パタゴニアについては、第4章で詳述します。

3Rとの違い――リサイクル経済を超えて

では、サーキュラーエコノミーは、日本がこれまで進めてきた3R（Reduce-Reuse-Recycle）政策と何が違うのでしょうか。

大きく2つの点を指摘することができます。この違いを理解することこそ、日本でのサーキュラーエコノミーの社会実装を展開・加速するうえでの出発点となるのです。

まず一つ目の相違点は、政策目的です。

日本の3R政策は、ごみ焼却場や最終処分場の確保の困難さや不法投棄問題への対応といった、廃棄物・環境問題への対策を主目的に推進されてきました。これに対し、欧州発のサーキユラーエコノミーは、「エコノミー」という名前が象徴するとおり、経済政策としての位置づけです。

世界の環境問題や資源問題が深刻化するなかで、それらが欧州経済の成長の足かせとならないよう、経済と環境・資源問題をデカップリングさせる（切り離す）こと、すなわち、環境や資源の制約に影響されずに経済を持続的に成長させることが目的なのです。

もう一つの相違点は、前提となる考え方です。

3Rは、既存のリニア型の「大量生産・大量消費・大量廃棄」という経済モデルを大前提にしたうえで、その枠内で廃棄物をできる限り削減したりリサイクルすることを目指しています。これに対して、サーキュラーエコノミーは、前項で見たとおり、廃棄物や汚染の排出を設計段階から排除します。すなわち、廃棄と汚染を「出さない」経済システムが前提です。

その背景には、プラネタリーバウンダリーや資源の枯渇、汚染といった地球レベルでの課題に立ち向かうためには、人類が慣れ親しんできた経済システムそのものを根本から刷新しなければならない、という強烈な危機感があることは前述した通りです。

図1－4は、オランダ政府が2016年9月に発行した「A Circular Economy in the Netherlands by 2050」で示されたサーキュラーエコノミーの概念図です。リニアエコノミーと

図 1-4　リユース（リサイクリング）エコノミーとサーキュラーエコノミーの違い

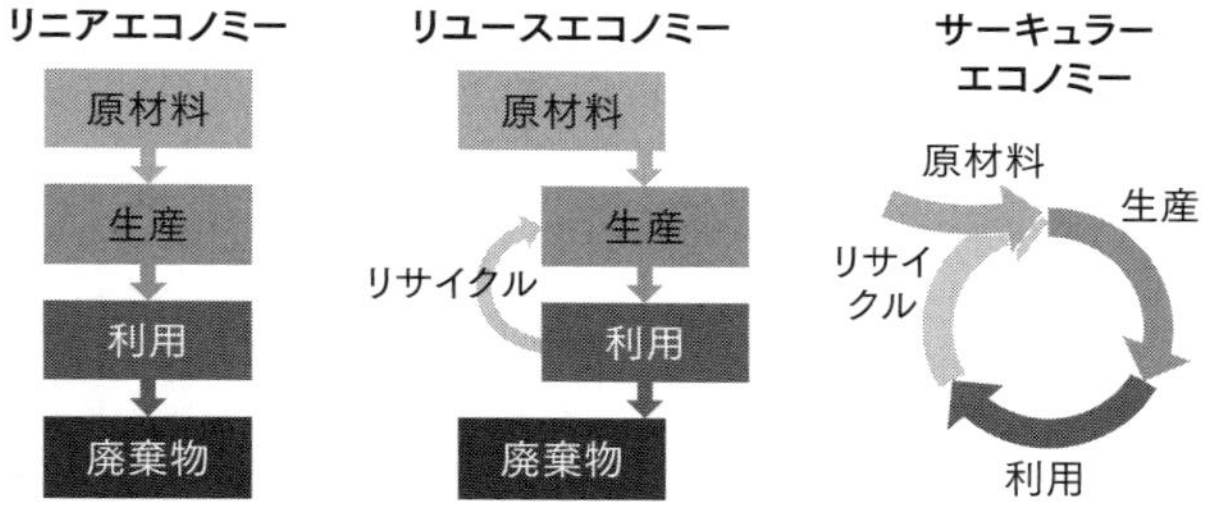

出典：オランダ政府 Government-wide Programme for a Circular Economy による「A Circular Economy in the Netherlands by 2050」レポート

サーキュラーエコノミーの間に、リユースエコノミーとの違いというモデルを提示し、サーキュラーエコノミーとの違いを示しています。リユースエコノミーは、リサイクルエコノミーとも言い換えることができます。日本の3Rは、ほぼこの段階に位置づけられるものです。

この図からわかるとおり、真ん中のリユースエコノミーは、消費後にリサイクルできるものはリサイクルし、できないものは廃棄する、という従来型のリニア型がベースとなっています。これに対し、サーキュラーエコノミーでは廃棄物という概念そのものが存在していないことが見て取れます。廃棄物は「ごみ」として排出されるのではなく、新たな資源として捉え直され、再び二次原材料として生産のサイクルに戻されてゆくのです。

もちろん、廃棄物をゼロにするというのは、とてつもない挑戦です。だからこそ廃棄物を前提とするかどうかの考え方の違いが、環境対策にとどまるか、経済のシステムそのものの変革を必要とするかどうかの分岐点になるといえるでしょう。
　廃棄ゼロを可能とするためには、経済のあらゆるプレーヤーを巻き込んで、システム全体を変革しなければなりません。製品の設計のあり方、廃棄とならない原材料の新規開発、廃棄を出さない製造や建設のあり方、消費のあり方、再生のための技術、関係する事業者間の協働、静脈産業と動脈産業の連携、原材料の技術革新、デジタルによる資源のトレーサビリティ管理など、経済全体の仕組みとビジネスモデルを根本から見直さなければならないのです。

　後述しますが、世界の企業で最初にサーキュラーエコノミー型の経営へと舵を切ったのは、オランダのフィリップス社です。その変革を強いリーダーシップで率いたファン・ホーテン前CEOは、サーキュラーエコノミーへの移行を「経済革命」であると表現しました。まさに、革命という言葉がふさわしいほど、リサイクルも含めたリニアエコノミーとは、非連続ともいえる違いがあることを念頭に置いていただきたいと思います。

第2章 サーキュラーエコノミーの潮流

リニアエコノミーからサーキュラーエコノミーへの移行を牽引しているのは欧州連合（EU）です。2015年にサーキュラーエコノミーの包括的な政策枠組みを打ち出して以来、矢継ぎ早に法制度の改正や施策の推進を図り、世界をリードしています。欧州全体の政策を受けて、域内各国もサーキュラーエコノミーの取り組みを積極的に進めています。そして、欧州発のサーキュラーエコノミーの動きは世界へと広がっています。

この章では、EUのサーキュラーエコノミー政策の概要と欧州各国の取り組み、ASEAN、中国、米国の動きについて概観し、最後に日本における沿革と現状を紹介します。

1 先進地EUのサーキュラーエコノミー政策

経済の環境制約からのデカップリング

欧州連合（EU）の行政執行機関である欧州委員会が、「Closing the loop - An EU action plan for the Circular Economy」と題するサーキュラーエコノミー行動計画を中心とする包括的な政策パッケージを公表したのは2015年12月です。ここで提示された政策枠組みが、欧州経済を直線型モデルから循環型モデルへと移行させる出発点であり、その後打ち出される具体的な制度や施策の基盤となってきました。

行動計画の前文では、「持続可能な低炭素社会を発展させるために、製品・材料・資源の価値が可能な限り経済内で維持され、廃棄物の発生を最小限に抑えるサーキュラーエコノミーへの移行が不可欠である」こと、「サーキュラーエコノミーが、欧州の経済の変革を通じて、持続可能な競争上の優位性や雇用の創出、社会的結束にもつながる」ことが謳われています。

行動計画は、サーキュラーエコノミーへの移行によって、資源不足や資源価格の変動といった制約から企業の成長を「デカップリング」（切り離し）し、新たに、資源効率の高い生産と消費の方法のイノベーションを生み出し、EUの競争力の強化にも結びつけたいとの力強い意思表明なのです。サーキュラーエコノミーが、低炭素社会実現に向けた環境政策を超えて、欧州の持続的な成長のための経済政策として、戦略的に位置づけられていることが見てとれます。

設計を起点にライフサイクルを回す

行動計画には、54の具体的なアクションの方向性が示されており、①プラスチック、②食品廃棄物、③重要鉱物資源、④建設・解体廃棄物、⑤バイオマス・バイオ製品の5分野が、重点的に取り組むべきセクターとして特定されています。

この行動計画で特筆すべき点は、サーキュラーエコノミーが製品ライフサイクルの最初の段階である「設計」から始まることが明確にされていることです。製品の設計のあり方と生産プ

図 2-1　EU サーキュラーエコノミー行動計画の概念図

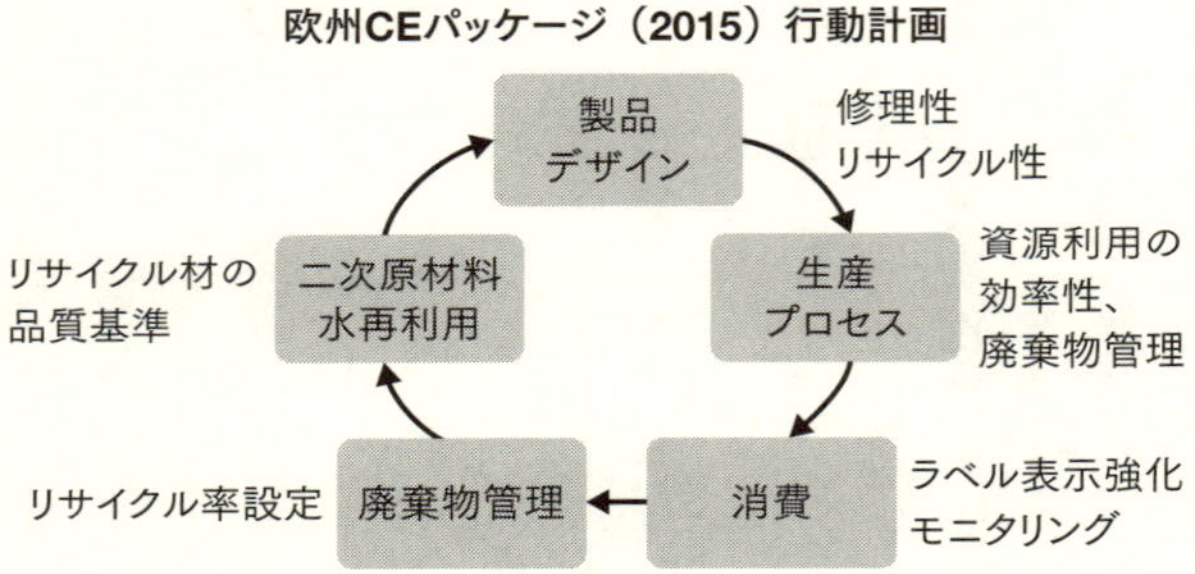

出典：欧州委員会のサーキュラーエコノミー行動計画
「Closing the loop - An EU action plan for the Circular Economy」
（2015 年 12 月）にもとづき筆者作成

ロセスが、全ライフサイクルにおける原材料調達や資源の使用、廃棄物の発生に大きな影響を与えるとの認識のもと、設計・生産の段階から、消費、廃棄物管理、二次原材料再生へと、求められる対応の方向性が段階ごとに示されています。この「設計」を起点とする考え方は、前章で示したエレン・マッカーサー財団のサーキュラーエコノミーの1番目の原則に他なりません。

図2－1は、行動計画のポイントを概念化したものです。製品の設計を起点に、生産、消費、廃棄物管理、二次原材料再生のプロセスを経て生産システムに戻すまで、各段階でのアクションをまとめています。

たとえば、製品の設計段階では耐久性・修理性・リサイクル性を考慮したエコデザイン（環境配慮設計）の拡充が、生産段階においては資源の効率的使用や廃棄物の管理強化が、消費の段階においては環境情報のラベル表示やモニタリングの強化、修理可能性の情報開示など修理や再利用を促すアクションが、それぞれ列挙されています。廃棄物管理段階では、リサイクル率の向上や埋め立て削減、最後の二次原材料の段階では、リサイクル材料の品質基準の確立や処理済み廃水の再利用などの方向性が示されています。

これらのアクションプランを受けて、具体的な法整備や改正の動きが進展しています。

●使い捨てプラスチック指令

なかでもとりわけ進展が著しいのが、プラスチック分野における取り組みです。深刻化する海洋マイクロプラスチック問題を背景に、2019年5月には、「使い捨てプラスチック指令(Single-Use-Plastic：SUP指令)」がEU理事会で承認され発効しています。プラスチック製カトラリー（フォーク、ナイフ、箸）や皿、ストロー、綿棒、発泡スチロール製のカップ、食品・飲料容器などの禁止や、飲料容器のふたとボトルを一体化する設計、プラスチック製品が環境に散乱した場合の自然に与える害を告知するラベル表示などを求める内容となっています。このEU指令を受けて加盟各国における国内法制化の動きが進展しており、デンマーク、フランス、ドイツ、オランダなどで、すでに法律が整備されています。

欧州グリーンディールの柱として

ＥＵはさらに、２０２０年3月に「新サーキュラーエコノミー行動計画」を採択しました。この新たな行動計画は、サーキュラーエコノミーを「欧州グリーン・ディール政策」の重要な柱として明確に位置づけ、２０５０年のカーボンニュートラルと資源効率的で競争力のある経済を統合的に実現するアプローチとして、サーキュラーエコノミー政策の一層の推進を掲げたものです。

新行動計画は、サーキュラーエコノミーが、２０３０年までにＥＵ全体のＧＤＰを0・5％増加させ70万人の雇用を生み出すポテンシャルを有するとしています。また、欧州がリジェネラティブ（自然再生型）な経済を目指すという将来に向けた方向性にも言及しています。

より具体的には、できる限り多くの製品の循環可能性の確保をＥＵの規範とすること、「修理する権利」を含めた消費者の権利を拡大すること、重点産業分野に電子機器・ＩＣＴ、バッテリー・車、包装、繊維、食料・水・栄養素などの分野を追加することなどを盛り込むとともに、34のアクションを提示しています。

これらのアクションはその後順次実行に移され、ＥＵの規則や指令として具現化されています（ちなみに、「ＥＵ規則」は法的拘束力を持ち全加盟国で統一的に適用されるのに対して、「ＥＵ指令」は、加盟国における国内法制化が必要で、目標自体は拘束力を持ちますが実施方法は各国に委ねられます）。以下では、その主なものを取り上げます。

●EUバッテリー規則

新行動計画において重要分野として新たに特定されたなかで早期の法制化につながったのが、バッテリー（蓄電池）分野です。欧州委員会により2020年に案が提案され、2023年7月に「バッテリーおよび廃バッテリーに関する規則」として正式に採択されました。

EV化や再生エネルギー化に伴い蓄電池需要が急拡大するなか、蓄電池に使用される重要鉱物調達に関する自律性の確保や、欧州におけるバッテリー産業の競争力強化を意図したものです。気候変動対策と産業政策両面でのバッテリーの重要性が、早期の法制度化を後押ししたといえます。

バッテリー規則の対象となるのは、電気自動車（EV）用、ポータブル用、産業用などを含むすべての蓄電池です。規制は、製造にかかるカーボンフットプリントの算定と開示、使用材料やリサイクル比率などを含む製品情報の開示、コバルト・鉛・リチウム・ニッケルを対象としたリサイクル材の使用義務などを定めています。また、製品の情報開示は、「バッテリーパスポート」という形で電子的に記録し、QRコードで読み取れるようにすることが義務づけられます（「バッテリーパスポート」については、第5章で詳述します）。

●使用済み自動車（ELV）規則案

EV化の進展と産業としての重要性の高まりを背景に、自動車分野でも前進が見られます。2023年7月に欧州委員会により提案された「使用済み自動車（End-of-Life Vehicles：ELV）に関する規則案」は、世界的な注目を集めています。当初はEU指令（Directive）として審議されていましたが、EU全体での統一的な実施を目指し、より直接的な法的拘束力を持つ規則（Regulation）へと格上げされ、現在審議が進められています。

規則案は、部品の再利用を促す車両設計、新車における25%以上の再生プラスチック使用比率（うち25%は自動車からの水平リサイクル）、車両・部品情報を記録するデジタルパスポートの導入等を求めており、EU域内で事業を行う日本の自動車会社および関連会社に対し、サーキュラーエコノミー型への事業転換を迫る内容となっています（デジタルパスポートについては第5章で詳述）。

●「修理する権利」指令

新行動計画で示された消費者の「修理する権利」についても、2024年7月にEU指令が発効し、法制化に向けた動きが各国で進んでいます。製品寿命の延長や廃棄物削減、消費者の選択肢の拡大、さらには修理産業の発展を目的に、製品の修理可能性の向上や修理サービスへのアクセス改善などを求める内容です。

対象は家電製品、スマートフォン、タブレット、自転車などで、具体的な施策として、修理費用の一部補助や代替品の一時提供、修理可能性スコアの導入などが盛り込まれています。「修理する権利」は、日本ではまだ馴染みの薄い概念ですが、サーキュラーエコノミーの基本原則に則った再利用やリペアを促進する核心的な政策です。さらに、製品の使用継続・廃棄に関わる意思決定と必要な能力を製造者から消費者に移転することで、消費者の意識・行動変容を促し、社会に修理文化を醸成し根づかせるという点において、経済システムの大きな転換を促す重要な政策として位置づけられるものです。

6つのドライバーが政策を動かす

EUにおいて、世界に先駆けてサーキュラーエコノミー政策が導入され、今日まで大きく前進を遂げているのはなぜなのでしょうか。何がEUを駆り立てているのでしょうか。EUのサーキュラーエコノミー戦略の背景について、大きく6つのドライバー（原動力）を、あらためて整理してみましょう（図2－2）。

最初のドライバーは、「気候変動問題」です。すでに説明したとおり、気候変動問題への対応

図 2-2　欧州のサーキュラーエコノミー政策のドライバー

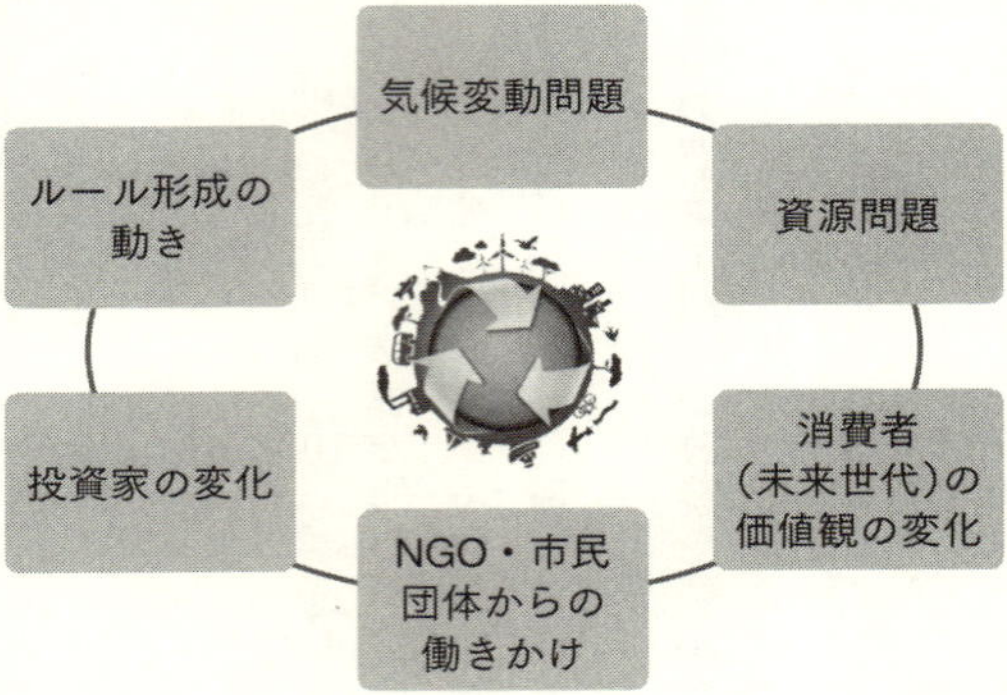

出典：筆者作成

には、脱炭素というエネルギー転換だけでは不十分であることが明らかになっています。エレン・マッカーサー財団は、サーキュラーエコノミーが温室効果ガス排出削減目標の内の45％について貢献可能であるとし、オランダに本部を置くシンクタンク Circle Economy が２０２１年に発表した Circularity Gap Report では、サーキュラーエコノミー戦略による温室効果ガス削減への寄与は全体の39％であると試算されています。

２つ目のドライバーは、「資源問題」です。これも既述しましたが、欧州域外に資源供給を依存する構造が欧州経済の持続可能性にとって大きな脅威であることが、背景となっています。

３つ目は「消費者の価値観の変化」です。欧州委員会は、消費者の意識や行動を把握するために毎年様々な調査を実施していますが、たとえば２０１９

年版の消費者状況スコアボードによると、EUの消費者の半数以上が「買い物をする際に環境への影響を考慮している」と答えています。また、2022年の「グリーン移行の公平性に関する認識調査」では、EU域内の市民の77%が「気候変動を制限するために自ら行動する責任を感じている」と報告しています。

とりわけ危機感を持つのは、これからを生きる若い世代です。スウェーデンの環境活動家グレタ・トゥーンベリに象徴されるように、未来世代からの地球環境の持続性を懸念する声は高まるばかりです。デロイトが世界の若者を対象にした2024年の調査によれば、Z世代のうち、64%が「環境に配慮した製品を購入するためにより多くのお金を払う」と回答し、46%が「気候変動を理由に転職または業界変更を予定している」と回答しており、若い世代の価値観を見て取ることができます。

4つ目は「NGOや市民団体からの働きかけ」です。欧州には環境運動の長い歴史があり、グリーン政党の存在や環境NGO団体に対する信頼が、サーキュラーエコノミー推進力の重要な要因となっています。

アムステルダムに本拠を置き、39カ国以上で活動する非政府の自然保護・環境保護団体であるグリーンピース（Greenpeace）や、約180の環境市民団体のネットワークである欧州環境局（European Environmental Bureau：EEB）、ゼロウェイスト政策を推進するゼロウェイストヨーロッパ（Zero Waste Europe）など、多くの団体のアドボカシーやキャンペーン活動がEUの政策形成過程に大きな影響を及ぼしています。

5つ目は「投資家の変化」です。2015年のパリ協定や国連でのSDGs採択を契機に、ESG投資（環境・社会に配慮し、適切なガバナンスを行う企業への投資）が主流化してきました。サーキュラーエコノミーについても、長期的リスク評価の観点から機関投資家の関心が高まっています。第5章で詳述しますが、世界最大の資産運用会社であるブラックロック（BlackRock）が、2019年にサーキュラーエコノミーを重点戦略分野に特定し大型のファンドを組成したことが象徴的です。

最後の6つ目のドライバーは「国際ルール形成」です。気候変動対策における先進的な取り組みや資源効率の高い新たな経済成長モデルの構築を通じて、EUの基準を事実上の世界標準とすることで、EUの国際的なリーダーシップを確立し、グローバルなルール形成をリードしようとする戦略意図が窺い取れます。

最初の5つのドライバーが、課題や外部の利害関係者からの要請への受動的な対応であるのに対し、この6番目のドライバーは、むしろ能動的・主体的にサーキュラーエコノミーを進めることで、それを自分たち欧州の利益につなげようとするものと言えるでしょう。

2　欧州各国の取組状況

ＥＵのサーキュラーエコノミーに関する規則や指令を受けて、加盟各国での取り組みも進展しています。それぞれの国の経済水準や産業構造、環境政策の成熟度などに応じて進捗状況は異なりますが、多くの国が共通してサーキュラーエコノミーに関する国家戦略とロードマップを策定し、数値目標を設定するとともに、セクター横断の施策を展開しています。
なかでも先行している国として、オランダ、フィンランド、ドイツ、フランス、デンマーク、スウェーデンなどが挙げられます。

オランダ――「ごみの無い経済」を目指す

オランダは、サーキュラーエコノミーの推進において、欧州のみならず世界を牽引する国です。オランダ政府は、２０１６年に「A Circular Economy in the Netherlands by 2050」と題する国家戦略を公表し、２０５０年までに完全なサーキュラーエコノミーに移行すると宣言しました。「ごみの無い経済（“Waste free economy”）」を目指すという、何とも野心的なビジョンです。ごみの無い経済とは、持続可能で再生可能な原材料が繰り返し利用され、製品や素材は循環・再利用・修理・リファービッシュできるよう設計され、廃棄されるごみがほとんど生じない経済、です。

この野心的目標の背景には、同国が地形的に海抜が低く気候変動による海面上昇のリスクが高いことや、資源の大部分を輸入に依存していること、市民の環境意識が高いこと、などの複合的要素があると考えられます。

２０５０年の完全なサーキュラーエコノミー実現に向けては、大胆な中間目標を設定しています。２０３０年までに一次原料（鉱物資源、金属資源、化石資源のバージン材料）の使用を半減させるという挑戦的なマイルストーンを掲げ、重点分野として、バイオマスと食品、プラスチック、製造、建設、消費財の5つの分野を特定し、具体的な施策を展開しています。

バイオマスと食品分野では、有機廃棄物を完全循環（クローズドループ）させること、栄養素の循環を確立すること、フードロスをゼロにすること、を目指しています。プラスチック分野においては、２０５０年までにすべてのプラスチックをリサイクル材か生分解性素材に置き換える計画です。製造業では、エコデザインによる製品の長寿命化や修理可能性の向上、製造プロセスにおける資源効率の改善・廃棄物の削減、サーキュラーデザインの開発、バイオベース材料の活用、などに取り組みます。建設分野では、建設資材のリサイクル率向上や解体しやすい設計手法の導入、マテリアルパスポートの導入による材料追跡と管理、バイオベース材料の使用、グリーン公共調達などを推進します。

オランダ政府の取り組みで特筆すべき点は、多様なステークホルダーの巻き込み方です。当然ながら、完全なサーキュラーエコノミーは政府だけで実現できるものではありません。2050年に向けた野心的な目標を広く共有するため、産業界や労働組合、環境団体、自治体協会、NGO、市民セクターと合意文書（National Agreement on the Circular Economy）を交わし、この合意を基盤に各セクターが連携しながら取り組みを進めているのです。

野心的な国家戦略の存在とセクターを超えた連携は、自治体や企業の動きを加速させています。首都アムステルダム市は、国と同じく2050年完全サーキュラーを目指す取り組みを進め、世界のサーキュラーシティのモデルとなっています。民間セクターにおいても、フィリップスやユニリーバ、DSMなど、循環型ビジネスモデルを推進する企業が多数見られると同時に、数多くの先進的なスタートアップ企業が誕生しています。

注目に値するのは、オランダ第2の都市のロッテルダム港に近接するインキュベーション施設「ブルーシティ」です。ここには、サーキュラービジネスに挑戦する若者たちが集まっています。港で荷揚げされた廃棄予定の傷んだフルーツを活用してヴィーガンレザーをつくるFruitleather Rotterdamや、貯水した雨水を使ってビールをつくるVet & Lazy、プラスチック廃棄物をアップサイクルしＢＭＷなどの大手メーカーに再生材を提供するBetter Future Factoryなど、多くのスタートアップ企業が活動しています。

成果は着実に表れています。２０２１年のＥＵ統計によると、オランダの循環型材料使用率（使用された材料資源のうちリサイクルされた廃棄物から得られたものの割合）は34％とＥＵトップを誇っています。これはＥＵ全体の11・７％を大きく上回り、２位ベルギーの21％、３位フランスの20％との差も顕著です。

オランダ政府はこれらの成果を詳細に評価・分析し、さらに次のステージへと進化させるべく、２０２３年から２０３０年までの７年間を対象とした「国家サーキュラーエコノミープログラム（National Circular Economy Programme 2023-2030）」を策定しました。このプログラムのもと、２０５０年の完全サーキュラー化を見据えた歩みを加速させています。

フィンランド――高い森林率を活かす

フィンランドも、オランダ同様に、サーキュラーエコノミーへの移行を先導している国として注目されています。２０１６年11月に、２０２５年にサーキュラーエコノミーにおける世界のリーダーになることを標榜した国家戦略を策定し、実現に向けたロードマップを世界で初めて発表しました。この戦略の特徴は、化石燃料や天然資源の過剰消費を抑えつつ、経済成長と社会福祉の向上を両立させる新たなモデルを提示している点です。フィンランドは、この取り組みを通じて自国の成長を促進し、投資を呼び込み、さらには輸出拡大にもつなげることを目指しています。

ロードマップの策定には、労働組合、企業、環境省、農林省、経済雇用省、研究機関、環境団体、消費者団体などが参加しています。サーキュラーエコノミーの世界リーダーになるというビジョンを、政府が一方的に押しつけるのではなく、関係するすべてのステークホルダーの参加によってつくり上げようとしているのです。ビジョンを絵に描いた餅で終わらせず、迅速かつ確実に実現しようとするフィンランド政府の強い意思が窺われます。

このロードマップでは、目標達成のための注力分野の一つに森林分野を特定し、公共調達にあたって、木材ベースの製品を奨励したり、木造建築や木製家具・インテリア産業を成長させるためのインセンティブを付与しています。世界トップの森林率を誇るフィンランドならではの独自資源を活かしたサーキュラーエコノミーのモデルを構築しようとしている点は、大変興味深いものです。日本も、森林率が68％と高く、フィンランドに次ぐ世界2位の国です。フィンランドの森林を基盤としたサーキュラーエコノミー戦略は、日本にとっても大いに参考になるのではないでしょうか。

サーキュラーエコノミーの推進体制においても、特筆すべき点があります。それは、SITRA（フィンランド語でSuomen itsenäisyyden juhlarahasto）という組織の存在です。英語の名称は「フィンランド・イノベーション基金（Finnish Innovation Fund）」で、フィンランド議会の直接監督下にある独立性の高い公的機関です。

SITRAはサーキュラーエコノミーのために設立された機関ではありませんが、「カーボンニュートラル循環型経済」を重点テーマの一つに置き、国家のサーキュラーエコノミー戦略推進の実質的な司令塔の役割を果たしています。サーキュラーエコノミーにおける国家のロードマップの作成をはじめ、政策提言や法規制改革の提案、進捗を捕捉するための指標の開発など、フィンランドの未来に向けた政策形成に大きな影響力を行使しています。

とりわけ、社会全体の変化を起こすためには教育が不可欠であるとして、小学生や中学生向けのサーキュラーエコノミーの教材開発をはじめ様々な教育啓発活動にも力を入れています。さらに、サーキュラーエコノミーの国際的な共同行動を促すため、2017年より世界循環経済フォーラム（World Circular Economy Forum）を主催するなど、国を超えた活動も牽引しています。

こうした活動の結果、自治体、企業、市民のそれぞれにおいて、サーキュラーエコノミーへの動きが活発化しています。2019年のSITRAの調査では、ヘルシンキ市民の87%が「サーキュラーエコノミーへの移行が重要」だと答えています。この高い意識は、市民の日常生活における具体的行動にも反映されており、衣料品の回収システムやオンラインのリサイクル衣料ショップが普及し、廃棄物ゼロのレストランが人気を集めるなど、サーキュラーエコノミーが社会に着実に浸透しているのです。

ドイツ——未来を見据えたしたたかな産業政策

環境大国といわれ、廃棄物・リサイクルなどの資源対策で欧州をリードしてきたドイツも、サーキュラーエコノミーの取り組みを積極的に進めています。ドイツは、経済政策と環境政策を統合し、2050年のカーボンニュートラルの達成に大きく貢献する包括的アプローチとして、サーキュラーエコノミーを位置づけています。

2021年には、「ドイツのためのサーキュラーエコノミー・ロードマップ（Circular Economy Roadmap für Deutschland）」を公表し、2030年に向けた体系的かつ詳細な行動計画を提示しています。

特筆すべきは、その策定プロセスです。産業界、科学界、市民社会の130人以上の専門家が2年間の議論を経て策定に至っており、幅広いステークホルダー間で共通のビジョンを形成することに力点が置かれています。サーキュラーエコノミーの実現が経済社会全体の変革プロセスであり、すべてのステークホルダーの参加と協力によってのみ成功が可能であるという、重要な認識にもとづくものです。

科学的根拠に立脚し策定されたこのロードマップは、2050年までに一次原材料の使用量を2018年比で68％削減できると試算しています。また、重要分野として、「循環型ビジネスモデル」「駆動型バッテリー」「包装材」の3つを特定しています。これは、ドイツの産業構造を色濃く反映したものといえるでしょう。

サーキュラーエコノミーへの移行は、既存のリニアエコノミー下でのビジネスモデルで成長してきた企業にとって、決して容易に受け入れられるものではありません。ドイツのロードマップ策定にあたっては、循環型ビジネスモデルがどのような新たな企業価値を創出するのか、産業界を巻き込んだ検討が行われてきました。

こうした流れに呼応して、ドイツを代表する自動車メーカーの一つであるBMWグループは、サーキュラーエコノミーを戦略的重点分野に掲げ、バリューチェーン全体を視野に入れた循環イニシアティブを推進しています。2021年の国際モーターショーで発表した「iビジョン・サーキュラー」は、解体しやすい設計やリサイクル材の積極利用など、循環性を最優先にしたコンセプトカーとなっています。

また、EV駆動バッテリーも、自動車産業が経済の屋台骨であるドイツにとって、戦略的に極めて重要な分野です。バッテリーパスポートやデジタルツインなどの先進的デジタル技術を活用することで、バッテリーの循環型システムを構築し、ドイツの産業競争力を目指しています。ドイツの事例は、サーキュラーエコノミーへの移行が未来を見据えたしたたかな産業政策であることを如実に示しています。

フランス——革新的な規制手法を導入

フランスでもサーキュラーエコノミーが拡大していますが、他国に先駆け革新的な規制手法を導入している点に、同国ならではの特徴があります。

2020年、フランス政府は「サーキュラーエコノミーのための廃棄物防止法（la loi anti-gaspillage pour une économie circulaire）」と呼ばれる法律を制定し、それまでの行動計画に法的強制力を持たせました。

この法律は、生産と消費のシステム全体の変革を目指した野心的なもので、①使い捨てプラスチックを無くすこと、②消費者に情報を知らせること、③再利用するために戦い廃棄物を無くすこと、④計画的陳腐化に対抗すること、⑤より良いものを生み出すこと、の5つのテーマに重点を置いています。

使い捨てプラスチックについては、レジ袋や使い捨てストロー・カトラリーの禁止や発泡スチロール容器の禁止、野菜と果物のプラスチック包装の原則禁止といったそれまでの規制をさらに強化し、２０４０年までに使い捨てプラスチック包装を完全に禁止することを定めています。

計画的陳腐化への対応として注目されるのが、「修理する権利」の確立です。２０２１年より「修理可能性指標（リペアラビリティ・インデックス）」を導入し、製品の修理のしやすさを1～10点で評価することを義務づけています。対象製品はスマートフォン、ノートPC、テレビ、洗濯機、芝刈り機、タブレット、電動工具などで、評価基準には、修理に関する文書の入手のしやすさ、製品の分解のしやすさ、スペアパーツの入手可能性、スペアパーツの価格など詳細な内容が含まれます。

また、この法律が画期的であると評価されるのは、食品以外の売れ残り品の廃棄を禁止するという世界初の試みを導入したことです。これを受け２０２２年1月に「衣料廃棄禁止令」が施行されました。売れ残った新品の衣服の廃棄（焼却・埋立）が禁止され、ファストファッションによって大きな成長を遂げてきたアパレル業界に衝撃を与えたのは記憶に新しいところです。食品廃棄物についても、食品流通業者、スーパーマーケット、レストラン、加工事業者に対して、廃棄物の削減を義務づけています。

こうした厳格な規制は、事業者に過剰生産を回避させ廃棄を削減するという環境目的だけではなく、売れ残り商品を慈善団体へ寄付することを奨励することで、社会の連帯を強化するという目的も併せ持つものとなっています。

3　EUから世界へ広がる

ASEAN――進捗に大きな差

欧州発のサーキュラーエコノミーはアジアへと広がっています。ASEANでも、2021年の第20回のASEAN経済共同体（AEC）会議において、レジリエントで資源効率の高い持続可能な成長実現を目的として、サーキュラーエコノミーの枠組み（Framework for Circular Economy for the ASEAN Economic Community）が正式に採用されています。

ASEAN共通の枠組みのもとで、各国がそれぞれ取り組みを進めていますが、本格的なサーキュラーエコノミーへの移行という観点からは、未だ緒についたばかりといえるでしょう。

また、プラスチック廃棄物への対応や再生可能エネルギーの促進、廃棄物の削減とリサイクルシステムの改善といった点では概ね共通していますが、国の経済発展レベルや課題の違いにより、進捗には大きな差があります。

そのなかでもタイの取り組みは特筆に値します。同国は、2019年に「バイオ・サーキュラー・グリーン経済（BCG）戦略」と呼ばれる統合的な経済モデルを導入し、サーキュラーエコノミー推進を国家経済社会開発計画の中核に位置づけました。BCG産業のGDP寄与率を2021年の21%（3・4兆バーツ）から2026年の24%（4・4兆バーツ）に引き上げることを掲げ、エコデザインや再利用、シェアリング、リサイクル、アップサイクルの導入など、サーキュラーエコノミーの原則に沿った活動を推進しています。

インドネシアも、2045年までに世界第4位の経済大国になるという野心的目標を掲げるなかで、経済成長と気候変動・環境汚染への対応、生物多様性の維持とを両立させるための重要戦略として、サーキュラーエコノミーを位置づけ、推進しています。2020年の長期国家開発計画にサーキュラーエコノミーを組み込み、食料、プラスチック包装、電子機器、建設、繊維の5分野を重点領域として特定しています。

ベトナムもまた、国家行動計画にサーキュラーエコノミーの推進を定め、資源の効率的・持続可能な利用、環境配慮型原材料・製品の開発、持続可能な消費と生産の推進、グリーン雇用の創出と生活の質の向上を目指しています。現在策定中の国家行動計画には、プラスチック廃棄物の85%の再利用・再資源化や、海洋プラスチックごみの50%削減、都市部の固形廃棄物の

50%の回収と処理、および有機廃棄物の再資源化などの具体的目標が織り込まれる予定となっています。

中国――経済発展のための国家戦略

世界の中でも注目すべきは中国の動向です。同国では、早くから循環経済（サーキュラーエコノミー）を単なる廃棄物・環境対策を越えた経済発展のための国家戦略として位置づけ、その実現に向けた政策を推進してきました。

２００９年1月には、世界初のサーキュラーエコノミーの基本法とされる「中華人民共和国循環経済促進法」を施行しました。第1条で「循環経済の発展を促進し、資源の利用効率を高め、環境を保護改善し、持続可能な発展を実現する」ことを目的として掲げています。さらに、「生産、流通及び消費などの過程において実行する減量化、再利用、資源化活動の総称」を循環経済と定義し、国家経済社会発展の重要な戦略であることを明言しています。

循環経済の推進は２００６年の「第11次5カ年規画」において政策課題として組み込まれ、以降の各5カ年計画で継続的にアップデートされています。最新の「第14次5カ年規画（２０２1年）」では、２０２5年までに、クリーンな生産を推進し、各種資源の総合利用率を高め、資源循環型の産業体系を構築することが謳われました。

具体的な数値目標として、2025年のGDP当たりのエネルギー消費量を2020年比で13・5%削減、水消費量を16%前後削減、資源の循環利用に関する産業の生産額を5兆元（約85兆円）にすることなどが掲げられています。

さらに、この国家戦略は、企業や都市レベルでも実践されており、工業団地内での資源循環の促進、環境に配慮したグリーン製造プロセスの導入、水資源の循環利用、農業における循環システムの構築など、多岐にわたる取り組みが進行中です。

米国——自由市場経済に重きを置いたアプローチ

最後に米国の動向ですが、欧州と比べサーキュラーエコノミーに関する政策面の取り組みは限定的といえます。連邦レベルでは、環境保護庁（EPA）が廃棄物管理やリサイクルを推進していますが、包括的な戦略は見られず、州レベルや市レベルでの個別の取り組みが主流となっています。なかでも積極的なのはサンフランシスコ市で、2003年に「2020年までに埋め立てごみを無くし、100%リサイクル・堆肥化する」という意欲的なゼロウェイスト目標を掲げ、テクノロジーも駆使しながら施策を展開していますが、現時点では達成には至っていません。

米国は、政府の政策的な推進力が弱い一方で、民間企業主導の動きは活発です。アップル社やマイクロソフト社など世界をリードする米国企業が、若者消費者意識の変化や機関投資家からの要請などを敏感に捉え、独自にサーキュラーエコノミーの取り組みを進めています。

たとえばアップルは、自社製品と梱包材にリサイクル材もしくは再生可能な材料のみを使用することや、2025年までに梱包材からプラスチックを排除することなどを約束していいます。マイクロソフトも、2030年までに廃棄物をゼロにすること、2025年までに地域のデータセンターネットワーク内のサーバーとコンポーネントの90%を再利用すること、同じく2025年までにすべての主要製品とデータセンターから使い捨てプラスチックを排除すること、などをコミットメントとして掲げています。

こうした自由市場経済に重きを置いた米国のアプローチは、政府による規制的アプローチをとるEUとは極めて対照的なものとなっています。これは、政府の市場への介入を嫌う米国の政治信条を色濃く反映しているといえるでしょう。

世界各国・地域が、それぞれの歴史や文化的背景、経済構造、市民意識などに立脚しながら、多様なアプローチでサーキュラーエコノミーに向き合っていることがわかります。

4　日本におけるサーキュラーエコノミーの胎動

最後に、近年サーキュラーエコノミーの進展が顕著となっている日本の状況について、概観してゆきましょう。

日本では、環境省がサーキュラーエコノミーを「3Rに加えて、資源投入量・消費量を抑えつつ、ストックを有効活用しながら、サービス化等を通じて付加価値を生み出す経済活動であり、資源・製品の価値の最大化、資源消費の最小化、廃棄物の発生抑止等を目指すもの」と定義していることは前章で述べた通りです。

この定義の中の「3Rに加えて」という文言にこそ、日本のサーキュラーエコノミーについての立ち位置が凝縮されています。これまで日本が世界をリードしてきた3Rの取り組みを発展させながら、世界のサーキュラーエコノミーの考え方と平仄を合わせようとしているのがまさに日本の現状だからです。

3Rの歴史と成果

日本は、廃棄物の増大に伴う最終処分場の逼迫や不法投棄などの問題を受けて、2000年

図 2-3　循環型社会形成の法体系（2023 年 6 月現在）

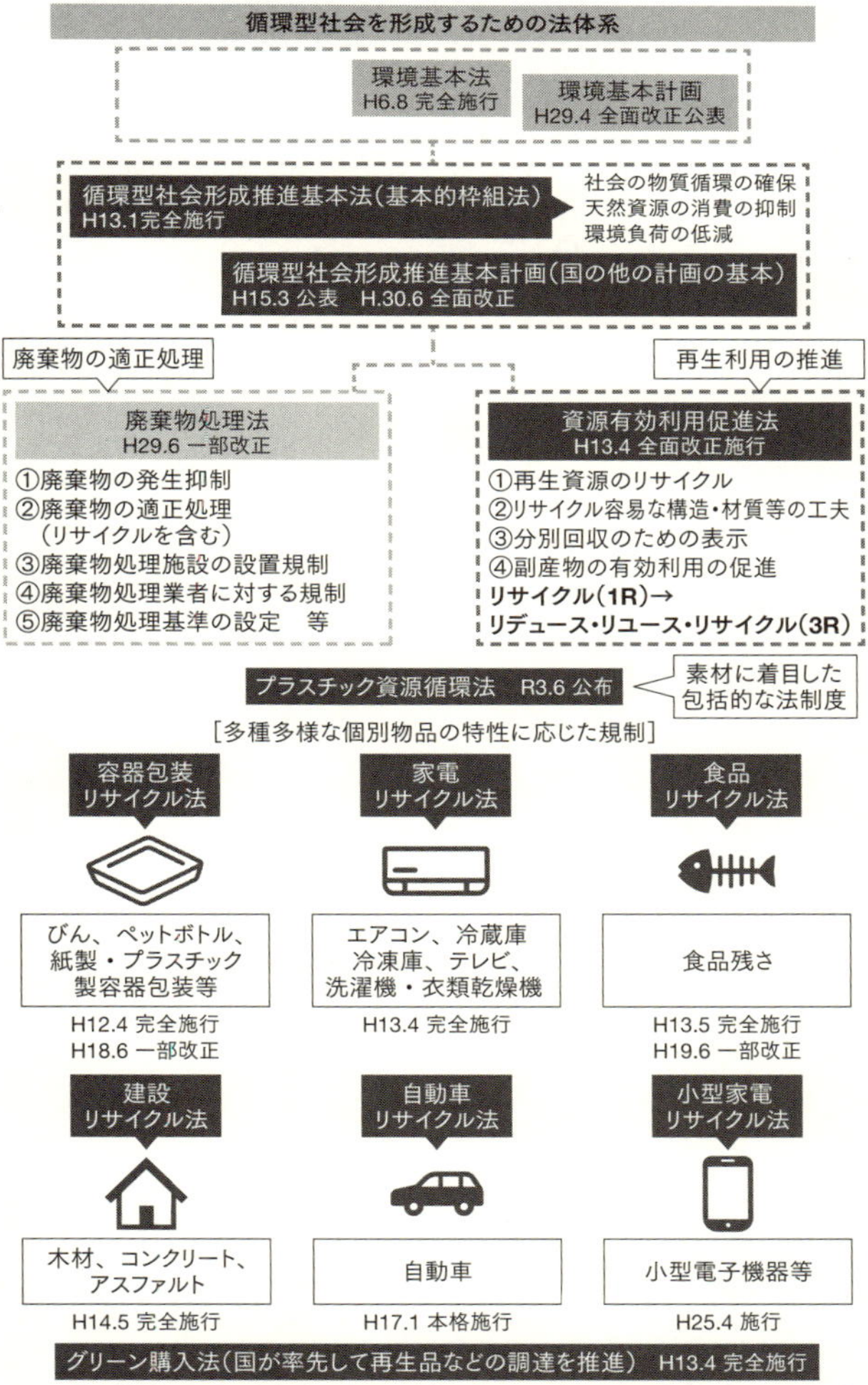

※この他、「船舶の再資源化解体の適正な 実施に関する法律」がある（H30.6公布 未施行）

出典：環境省ホームページ

に「循環型社会形成推進基本法」を公布し、廃棄物の発生抑制（リデュース）と製品・部品の再使用（リユース）、再生利用（リサイクル）を進める「3R」政策を積極的に展開してきました。

この基本法の中には、目指す循環型社会の姿を「自然界から新たに採取する資源をできるだけ少なくし、長期間社会で使用することや既に社会で使用されたものなどを再生資源として投入することにより、最終的に自然界へ廃棄されるものをできるだけ少なくする」との記述があり、現在のサーキュラーエコノミーに通ずる考え方も呈示されています。

この法律を基本的枠組み法として、その後順次、容器包装リサイクル法、食品リサイクル法、建設リサイクル法、自動車リサイクル法、小型家電リサイクル法といった分野ごとの法律が整備され、世界に先駆けた包括的なリサイクル体系が確立されるに至っています。

2023年6月時点の法体系は図2－3のとおりです。

こうした包括的な法体系のもとで、国民と事業者・国・自治体が一体となって3Rの取り組みを進めた結果、廃棄物の削減と最終処分量の削減は着実に進展しています。政府データによると、ごみ総排出量は、2000年の5483万トンから2022年には4034万トンへと減少し、一人一日当たりのごみの排出量も、2000年の1185グラムから2022年には880グラムへと約26％減少しました。最終処分場の残余年数も大幅に改善し、一般廃棄物用は1999年時点の8・5年から2022年には23・4年へ、産業廃棄物用は1999年時点の3年から2021年には19・7年へと延長されています。

この優れた成果には、第7章で詳述する地方自治体と市民との協働によるごみの分別活動が大きく寄与しています。多くの自治体が、詳細な分別収集システムを確立し、住民への啓発活動を軸とした減量・リサイクル施策を推進してきたのです。

企業も、環境配慮型の製品設計やリサイクル技術の開発、減量化の取り組み、回収システムの構築などを通じ、廃棄物の削減に大きな成果を上げています。日本経済団体連合会（経団連）は、1997年に循環型社会形成自主行動計画（当初の名称は「環境自主行動計画」）を設定し、各業界各企業の主体的努力によって廃棄物の削減を進めてきました。その結果、2022年度の最終処分量は、2000年度に比較して78・1%もの大幅な削減を実現しています。

経済政策への転換

廃棄物問題を中心とした環境政策として推進が図られた3R政策ですが、サーキュラーエコノミーを経済政策として捉える欧州の動きを踏まえ、日本でも経済産業省が2020年に「循環経済ビジョン」を公表し、環境政策から経済政策へと転換する必要性を明確に示しました。

このビジョンは、サーキュラーエコノミーへの移行を「環境と成長の好循環」につながる新たなビジネスチャンスと位置づけ、産業界に対してビジネスモデルと経営の転換を促しています。

その後、経済産業省は2023年2月に「成長志向型の資源自律経済戦略」と題したサーキュラーエコノミー戦略を公表し、政策推進をさらに加速させます。同戦略には、資源の経済安全保障の視点が取り入れられているのが特徴的です。近年の地政学リスクの高まりのなか、資源保有国・供給国による保護主義的な動きや、資源を外交ツールとして利用する動きが活発化しており、海外に資源供給を大きく依存する日本にとって、サーキュラーエコノミーは経済安全保障の観点からも重要性が増しているのです。

また、この戦略では、サーキュラーエコノミーの関連市場を、2020年時点の50兆円から、2030年に80兆円、2050年には120兆円へと拡大させることを目標として掲げるなど、経済の成長政策としての側面にも引き続き光が当てられています。さらに、同戦略においては、サーキュラーエコノミーが、経済的目標（経済成長、経済安全保障）のみならず、人々のウェルビーイングをはじめとする社会的目標を同時に実現し「新しい成長」を生み出すことが明記されている点は評価に値します。

経済産業省主導の動きと並行して、サーキュラーエコノミーのもう一つの牽引役である環境省も、積極的な政策展開を推し進めています。

同省は2000年の循環型社会形成推進基本法制定以来、5年ごとに同法の見直しを重ねてきましたが、2024年8月に策定した第五次循環型社会形成推進基本計画において、循環経済への移行を国家戦略として位置づける方針を明確にしました。

それまでの計画と比較すると、産業競争力の強化や経済安全保障といった点が強調されており、経済政策としての要素を色濃く打ち出したものになっています。さらに、ここでも経済産業省の戦略同様に、サーキュラーエコノミーが地方創生や質の高い暮らしといったウェルビーングの向上に資する重要なツールであるとされています。

なかでも環境省がとりわけ力を入れているのが、プラスチック分野です。深刻化する海洋プラスチック汚染問題や中国による廃プラスチックの輸入規制を契機に、2021年6月にプラスチックに係る資源循環の促進等に関する法律（通称「プラスチック新法」）を成立させました。この法律は、再生可能素材への転換や国内でのプラスチックの循環を推進し、ワンウェイプラスチックの使用削減、環境配慮設計の強化、市町村や事業者による製品プラスチックの回収ルートの多様化、リサイクルの促進などを規定しています。

さらに、2024年5月に成立した、資源循環の促進のための再資源化事業等の高度化に関する法律（通称「再資源化事業等高度化法」）は、廃棄物処理法の許可手続きに特例を設けることで、廃棄物の広域的収集による再生資源の量と質の確保を促すとともに、今後大量の廃棄が見込まれる太陽光パネルの高度なリサイクル技術等の支援も盛り込んだ内容となっています。

国家戦略への昇華

政府は2024年6月に「新しい資本主義のグランドデザイン及び実行計画2024年改訂版」を公表し、サーキュラーエコノミーの実現を国家の成長戦略の一環として明確に打ち出しました。

そこには「循環経済の実現を国家戦略として位置付け、カーボンニュートラルやネイチャーポジティブの実現に貢献し、規制やテクノロジーを活用しながら取り組むことにより成長機会の獲得につなげ、地方活性化につながる地域循環モデルの構築等により地域とくらしを豊かにするとともに、経済安全保障上、重要な資源を確保する観点から国際ルール形成等を通じ世界をリードする」との方針が明記されています。

この方針にもとづき、政府一体となって、①事業者間連携やイノベーション等による徹底的な資源循環、②循環経済に関する国際ルール形成およびESG投資の促進、③経済安全保障を確保するための国内外の資源循環体制の確立、④資源循環市場の創出、を推進するとしています。

２０２４年７月には、サーキュラーエコノミーの実現に向けた取り組みを政府全体として戦略的・統合的に行うことを目的に、「循環経済に関する関係閣僚会議」の第１回が開催され、省庁横断での展開に向けた体制が整いました。ようやく、サーキュラーエコノミーの実装に向けた本格的な胎動が始まったといえるでしょう。

政府のサーキュラーエコノミーに対する研究開発支援も強化されています。主なものには、戦略的イノベーション創造プログラム（ＳＩＰ）と、科学技術振興機構（ＪＳＴ）があります。

ＳＩＰでは、２０２１年より「サーキュラーエコノミーシステムの構築」を目指したプロジェクトが実施されています。プラスチック資源を中心に、製造から廃棄・再利用までの循環型システムを構築することを目標とし、デジタル技術を活用したサプライチェーン全体のデータ連携基盤の構築、再生材の高品質化、動静脈連携モデルの開発などの研究が進められています。

一方、ＪＳＴは、サーキュラーエコノミーに関連する基礎研究から応用研究までを幅広く支援しており、特徴的なプロジェクトとして、生物由来の高機能材料の開発や、サーキュラーエコノミーの経済的・環境的効果を評価するモデルの構築が挙げられます。また、異分野融合型の研究プログラムも推進するなど、社会全体での循環型システムの確立を目指しています。

経済界の取り組み

経済界も、サーキュラーエコノミーへの移行に踏み出しました。1500を超える日本の代表的企業や100を超える主要な業種団体等が加盟する日本最大の経済団体である日本経済団体連合会（経団連）は、2021年1月に、環境省との間でサーキュラーエコノミーの重要性に合意し、同年3月には、経団連・環境省・経済産業省の三者による「循環経済パートナーシップ（J4CE）」を立ち上げました。

J4CEには、2024年3月時点で経団連会員企業を中心に計197の企業・団体が加盟しており、サーキュラーエコノミーの取組事例の共有や発信、官民対話などが活発に行われています。J4CEが取りまとめている注目事例集には、各企業が単独で取り組んでいるサーキュラービジネスのみならず、業界内外の連携事例が数多く掲載されています。

経団連は、こうした活動成果も踏まえ、日本が目指すべき方向性や取り組むべき課題をまとめた「サーキュラー・エコノミーの実現に向けた提言」を2023年2月に公表し、産業界の変革に向けた活動を先導しています。これは、サーキュラーエコノミーによって目指すべき方向性と、取り組むべき9つの課題を呈示したもので（図2―4）、その後の経済産業省のサーキュラーエコノミー政策にも反映されています。

経団連のほかにも、産業界が一丸となって取り組んでいるのが海洋プラスチックごみ問題で

図 2-4　経団連「サーキュラー・エコノミーの実現に向けた提言」

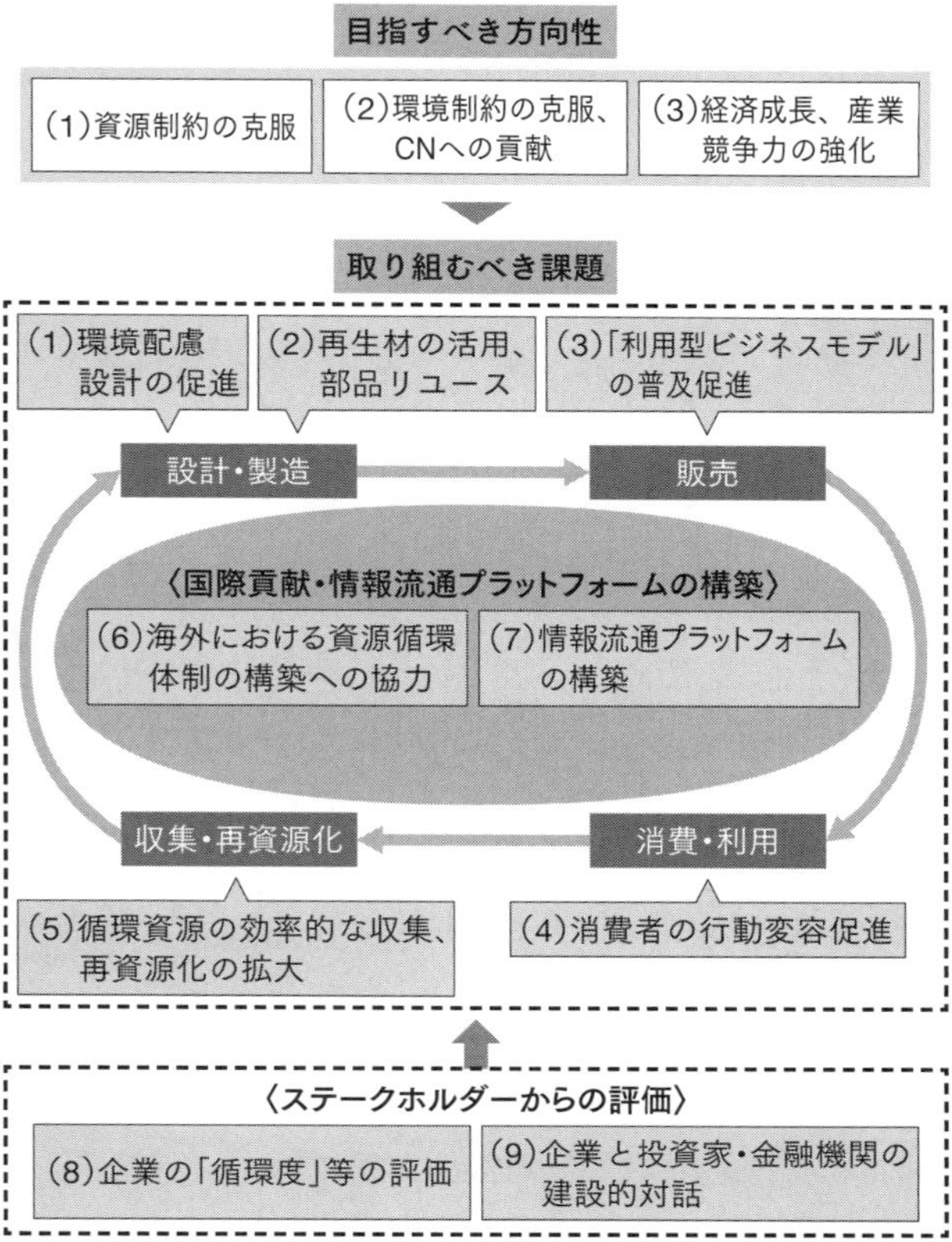

出典：日本経済団体連合会ホームページ

す。経済産業省主導で設立されたクリーン・オーシャン・マテリアル・アライアンス（CLOMA）は、現在では、民間企業が主導する形で活動を展開しています。プラスチック製品の持続可能な使用や代替素材の開発・導入を目指し、素材メーカー、製品メーカー、小売業者、リサイクル事業者などサプライチェーン全体を巻き込んだ取り組みが進行中です。

自動車分野では、公益財団法人自動車リサイクル高度化財団（J－FAR）が2017年に設立され、自動車リサイクルの高度化を目的とした活動を進めています。学術的・実践的な調査・研究を推進するとともに、資源の有効活用や環境保護に関する研究や事業への助成を行っています。具体的には、AIやIoT（Internet of Things）を活用した解体作業の効率化、エアバッグやシートベルトのリサイクル基盤構築、CO_2排出量の可視化など、多岐にわたる事業を実施しています。

個別企業のサーキュラーエコノミーへの取り組みも、本格化し始めました。たとえば、トヨタ自動車は、2022年1月にサーキュラーエコノミーの専門部署を立ち上げ、従来の自動車リサイクルを進化させ、EVバッテリーなどの部品や材料の循環に力を入れています。パナソニックは、循環型モノづくりの進化とサーキュラーエコノミー型事業の創出を目指し、家電製品の循環システムの構築に挑戦しています。

ソニーも、製品の修理サービスの拡充のほか、プラスチックの使用を削減するための新材料開発に着手しました。サントリーは、2030年までに、ペットボトルの素材をリサイクル素材または植物由来素材等100％に切り替え、化石由来原料の新規使用ゼロの実現を目指す野心的な計画を推進中です。さらに2020年には、業界を超えた企業が連携して使用済みプラスチックの再資源化事業に取り組む（株）アールプラスジャパンを設立し、バリューチェーン全体の動きを先導しています。

しかし、個別企業の自発的な努力だけではサーキュラーエコノミーは実現できません。バリューチェーン全体での連携はもちろんのこと、政府・自治体・企業・研究機関などのあらゆるステークホルダーが協力しなければ、循環のループを閉じることはできないのです。

この認識にもとづき、2023年9月に経済産業省と環境省が共管で立ち上げたのが、産官学のプラットフォーム「サーキュラーパートナーズ（CPs）」です。2024年9月20日時点で、企業397、業界団体30、自治体20、大学・研究機関24を含む合計507者が参画する大規模なプラットフォームとなっています。

CPsの活動は、2030年および2050年を見据えたサーキュラーエコノミー実現に向けたビジョン・ロードマップの策定、情報流通プラットフォームの構築、地域循環モデルの構築、の3つの主要な柱を中心に進められています。

CPsは、多様な主体の協働を促進し、サーキュラーエコノミーの実現に向けた取り組みを加速させる重要な役割を担っています。このセクター横断のイニシアチブにより、日本のサーキュラーエコノミーへの移行が新たな段階に入ったといえるでしょう。

次の章からは、サーキュラーエコノミーが、ビジネス、自治体、市民といったセクターにどのようなインパクトをもたらし、それぞれのセクターでどのような取り組みが進行しているのかを見ていきましょう。

第3章

ビジネス変革とイノベーション

サーキュラーエコノミーは経済革命です。その意味で、リニアエコノミーからサーキュラーエコノミーへの転換は、経済活動の主役である企業のビジネスと経営のあり方に根本的な変革をもたらします。

リニアエコノミー時代に、モノを大量に売ることで売り上げを伸ばし成長してきた企業は、既存のビジネスモデルを根本的に見直し、循環型の経済システムに適応するための新たなビジネスの方法を見出していかねばなりません。同時に、新たな経済パラダイムは、創造的なスタートアップ企業に大きな機会を提供します。企業と経済界にとって、サーキュラーエコノミーへのシフトは、生成ＡＩやデジタル革命と並ぶ重要な戦略課題なのです。

この章では、サーキュラーエコノミーが生み出す新たなビジネスモデルとスタートアップを、次章では、サーキュラーエコノミーの潮流にいち早く向き合い経営変革に挑戦する先進的企業の取り組みを紹介します。

1　サーキュラーエコノミーのビジネスモデル

サーキュラーエコノミー時代のビジネスのあり方（ビジネスモデル）とはどのようなものなのでしょうか。マーケティング論や戦略論を扱う経営学の世界では、サーキュラーエコノミーに関する理論的体系は未だ十分に確立されていません。ここでは、先行して包括的な研究調査を進めてきた戦略コンサルティング会社アクセンチュアが提示する枠組みを引用しながら、サーキュラーエコノミーのビジネスモデルの理解を深めていきます。

アクセンチュアは、議論の出発点として、リニアエコノミーにおいては、4つの無駄が発生してきたと指摘します。それらは、①資源の無駄（使用後は永久に消滅する原材料やエネルギー）、②製品ライフサイクル価値の無駄（人的に使用期間が短縮されたり、他者のニーズがあるにもかかわらず廃棄される製品価値）、③キャパシティの無駄（未使用の状態で放置された機能）、④潜在価値の無駄（廃棄物から回収・再利用されない部品・原材料・エネルギー）です。

そのうえで、サーキュラーエコノミーは、ビジネスにとって「無駄を富に変える」挑戦だとするのです。そして、こうした考えにもとづき、同社では、5つのビジネスモデルを類型化しています。それらは、①循環型サプライチェーン、②PaaS（サービスとしての製品）、③シェアリング・プラットフォーム、④製品寿命の延長、⑤回収とリサイクルです（図3－1）。

①循環型サプライチェーン（循環型材料の利用）

循環型サプライチェーンとは、製品やサービスを提供する企業が、製品の設計段階において

図 3-1　アクセンチュアによる 5 つのビジネスモデル

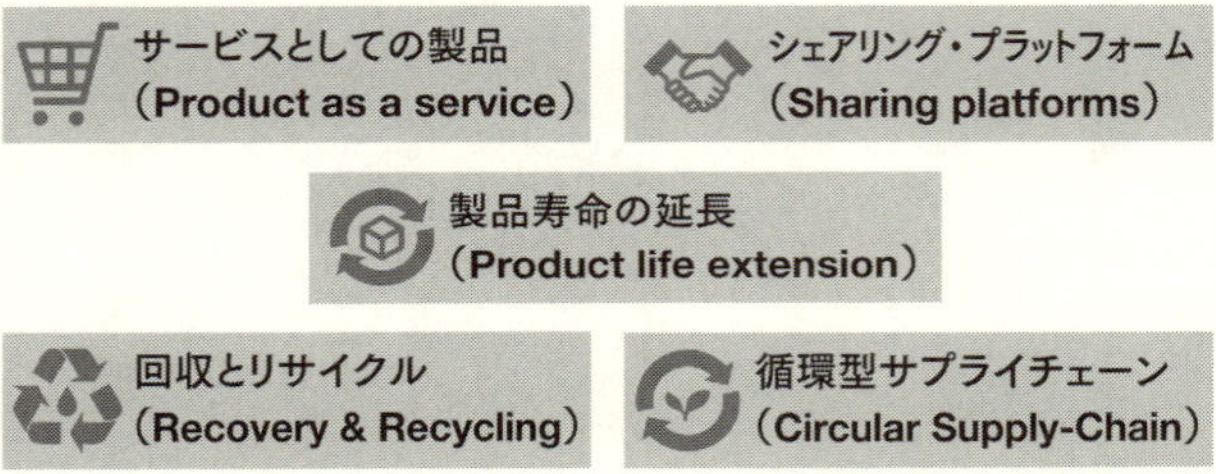

出典：ピーター・レイシー＆ヤコブ・ルトクヴィスト（牧岡宏・石川雅崇訳）
『サーキュラー・エコノミー』

製品全体のライフサイクルを考慮し、リサイクル素材や再生可能素材、生分解性材料など、循環型の素材の活用を図るモデルです。循環型サプライチェーンという名称は少しわかりにくいので、循環型材料（Circular Supplies）の利用と言い換えたほうが理解しやすいでしょう。

これは、有限な天然資源材料（バージン材料）への依存を減らすとともに廃棄物の削減を実現するビジネスモデルで、持続可能性を重視する多くの企業が活用しています。

たとえば、スポーツブランドの独アディダスは、循環型素材を使った革新的なスニーカーを開発・販売しています。「Parley」シリーズのスニーカーは、環境団体 Parley for the Oceans とのパートナーシップにより、海洋プラスチックごみをリサイクルして製造されたものです。

また、2019年販売の「FUTURECRAFT.LOOP」は、丸ごとリサイクルできるよう、単一素材で接着剤を使わずに作られたスニーカーです。回収・再生された同ブランド第1

世代のリサイクル材が、第2世代に循環利用されています。さらに同社は、「MYLO（マイロ）」という菌類由来の素材開発も手がけています。これは、皮革と同等の性能を持ちながら動物由来の原料を使用しない、生分解性の革新的素材です。

スウェーデンに本拠を置くIKEAは、循環型素材を積極的に活用した家具を製造・販売しています。2030年までにサーキュラービジネスを実現するとの意欲的な目標を掲げ、「IKEA循環製品設計指針（Circular Product Design Guide）」に沿って、製品設計の大胆な見直しを進めています。

同社は、森林管理協議会（FSC）認証を受けた木材、オーガニックコットン、リサイクルポリエステルなどの使用やバイオベースの接着剤の導入も積極的に進めています。IKEAのホームページでは、同社製品の60％以上が再生可能素材から製造され、10％以上がリサイクル素材を含んでいると報告されています。

ほかにも、リサイクル素材や再生可能素材をカーペットタイルに積極的に活用する米インターフェイス社や、2025年までに全製品をリサイクル素材または再生可能素材で作ることを目標とする米パタゴニア社が、このビジネスモデルを実践している企業の代表例です。これら2社については、次章で詳しく取り上げます。

②プロダクト・アズ・ア・サービス（PaaS）

サーキュラー型のビジネスモデルの代表例が、プロダクト・アズ・ア・サービス（Product as a Service、サービスとしての製品）で、通称PaaSと呼ばれるものです。このモデルでは、企業は製品を「販売」するのではなく、製品への所有権を保持したまま、製品の持つ機能やパフォーマンスを「サービス」として提供します。顧客は、製品を購入する代金ではなく、サービスを利用する対価を支払います。

従来のリニアエコノミーのもとでは、できる限り多くの製品を売ることが企業にとって重要な戦略であり、洗練されたマーケティング手法を含む様々なアプローチを駆使して販売を強化してきました。その結果、顧客は、製品を数回利用しただけで廃棄してしまうことも少なくありません。使用可能な製品が廃棄物になり、（その後リサイクルされなければ）焼却・埋め立てに回されることで、貴重な資源の浪費と深刻な環境負荷を引き起こしています。

これに対して、PaaSモデルでは、利用者が製品サービスを不要とした場合には、企業が責任を持って修理やメンテナンスを行ったうえで、次の顧客にサービス提供を行います。その結果、このビジネスモデルでは、製品が生み出す価値を最大化することが求められるようになり、企業はできる限り製品の寿命を延ばしたり、耐久性や修理可能性を高める製品設計を行うようになるというわけです。

このように、製品を所有から利用へと変化させるPaaSモデルは、資源の効率的利用と廃棄物削減を実現することから、サーキュラーエコノミーの原則に則った代表的なビジネスモデルとされています。

このモデルの先駆事例としてとりわけ有名なのが、オランダのフィリップス社（後に、Philips Lightingとして分社し、現Signify）が2010年にRAUアーキテクツ事務所と協働して始めた「ライト・アズ・ア・サービス（Light as a Service：LaaS）」です。

ここでは、フィリップスは、電球や照明器具を売るのではなく、製品が持つ「明るさ」というサービス（照明ソリューション）を、顧客に提供します。顧客は、製品を購入するかわりに、照明の質や省エネ性能などのパフォーマンスに対して料金を支払います。

フィリップスは、初期の設計から設置、さらには運用やメンテナンスまでを行います。照明にかかわる電力コストもフィリップスが負担するため、エネルギー消費の少ない照明ソリューションが採択され、顧客のライフサイクルコストの削減に寄与するとともに、資源効率の向上を実現することができるのです。

フランスのミシュラン社や、日本のブリヂストン社などのタイヤ企業が導入している「タイヤ・アズ・ア・サービス」も先駆的な代表事例の一つです。顧客はタイヤを購入するのではなく、走行距離にもとづいてサービス料を支払います。タイヤ会社は、タイヤの装着・メンテナンス・交換を包括的に行い、IoTセンサーを用いたタイヤの常時監視によってタイヤ異常の早期検知による事故防止や、適切な空気圧の管理による燃費向上、最適な利用によるタイヤ寿命の延長、メンテナンスの最適化などを図り、資源効率の最大化と環境負荷の削減を図るものです（ミシュランについては、次章で詳述します）。

③シェアリング・プラットフォーム

3つ目のビジネスモデルの類型は、シェアリング・プラットフォームです。これは、製品や施設、サービスを複数の人や組織の間で共有して利用することで、キャパシティの無駄（製品などが常時使用されないことで放置されたままとなる無駄）を削減し価値を創出するビジネスモデルで、すでに数多くの実例が存在しています。

移動に関するカーシェアリングやライドシェアリング、宿泊を共有する民泊、オフィスを共有するコワーキングスペースなどがすぐに思い浮かぶでしょう。

自動車やホテル・オフィス・住宅、高級ファッションアイテムなど、高額なものを対象に成立しやすいモデルですが、革新的なデジタルプラットフォームを活用すれば、より安価なモノにも対象を拡大することが可能です。

このモデルの実現は、既存企業においては、従来の事業のあり方を変える必要があることから、組織のイナーシア（不活性）も相まって、実現は必ずしも容易ではありません。その結果、斬新なアイディアやテクノロジーを持つ新規参入者によって牽引されるケース、とりわけデジタル技術を活用したケースが多くなっています。

たとえば、オランダを拠点とするFLOOW2は、企業が所有する遊休資産、余剰設備、人材、スキルなどを他の企業とシェアすることを可能にする企業間シェアリング・プラットフォームを構築しています。ユーザーである企業はプラットフォームに無料で登録し、参加者はプラットフォーム上で自社の設備等を公表し、FLOOW2にサブスクリプション料金を支払う仕組みです。

ただし、シェアリングのビジネスモデル類型をサーキュラーエコノミーの文脈で議論するときには、注意が必要です。民泊やライドシェアは、遊休資産の効率を高めることで利益は生まれても、廃棄を無くし環境負荷を削減するという観点においては、サーキュラーエコノミーの原則に100％合致しているとはいい切れないからです。

マクロのレベルにおいて、シェアリングを通じてホテルや車の建設・製造自体が抑制されるのであれば、環境や資源への負荷は減少しますが、逆に、低価格での利用が可能となり、需要が喚起される場合もあり得るからです。アクセンチュアの類型は、企業にとっての競争優位や収益の源泉という観点から提案されているものであり、そのインパクト評価にあたっては、サーキュラーエコノミーの原則とのすり合わせが今一度必要となります。

④製品寿命の延長（Product Life Extension）

アクセンチュアの4つ目のビジネスモデルの類型は、製品を使用する期間をできるだけ延ばし、廃棄する時期を遅らせることで、資源の採取の必要性と廃棄物の削減を図るものです。中古品の再販、修理（リペア）、リファービッシュ、再製造（リマニュファクチャリング）、アップグレード、などの形態があります。

中古品の再販・再利用（リユース）は、一番イメージしやすいでしょう。たとえば、子ども服が、子どもが大きくなった世帯から、小さな子どものいる世帯へと手渡されることで、同じ製品が捨てられず長く使われ、製品の長寿命化と廃棄の回避が図られます。

日本のメルカリ社が展開するリユースを促進するプラットフォーム事業は、このモデルに該当します。また、カナダ・オンタリオ州発の非営利組織 Toronto Tool Library は、会員登録をした会員たちに、DIY工具や園芸用具、キッチン用品、おもちゃまでをシェアリングする事業を展開しています。

また、先述のIKEAも、使用済み中古家具を買い取るサービスを展開しています。対象は、オフィス家具（デスク、チェア、キャビネットなど）、椅子、テーブルなどで、店舗に持ち込む方法に加えて、出張による引取サービスも提供しています。顧客から引き取った中古商品は、As-Is（アズイズ）コーナーと呼ばれる店舗内の特設コーナーや、オンライン上のマーケットプレイス、アウトレット店舗などのほか、スウェーデンや米国、日本などいくつかの国で展開している「サーキュラーハブ」という新たなスポットで販売されます。

企業にとって、中古品の再販は厄介な存在です。自社の中古品が市場で流通し消費者がリユースすれば、新製品への需要は減少するでしょう。しかし、サーキュラーエコノミーへの意識の高まりのなかで消費者の行動が変化し、環境負荷が低ければ新品でなくとも中古品で十分だとの意識が広がっていけば、それは避けられない趨勢です。他社で販売される自社の中古品が、自社の新製品をカニバリ（共食い）するのであれば、自社で中古品の再販を手掛け自社の新製品を自らカニバリするほうが、戦略上も合理的と考えられます。

次に、リファービッシュとは、製品を部分的に修理・整備し、ほぼオリジナルな水準の製品機能を回復させるアプローチです。単なる修理（リペア）とは異なり、専門的な修理・整備を行うことで、元の製品に近い性能が提供されるものです。パソコンやスマートフォン、家電など、消費者向けの製品に適用例が見られます。後述するフランスのスタートアップであるバックマーケットは、このカテゴリーでの成功事例となっています。

これに対して、リマニュファクチャリングは、製品を完全に分解し、すべての部品を検査、修理または交換し、新品もしくはそれ以上の品質の製品を製造するモデルです。リファービッシュと比較すると、徹底的で高度なプロセスが採用され、産業機器、自動車部品、医療機器など、高付加価値の製品で適用例があります。

たとえば、米国の建設機械メーカーのキャタピラー社は、CatReturnと呼ばれるリマニュファクチャリング・プログラムを展開しており、使用済み製品を新品同様の性能に復元し、製品の寿命を大幅に延長しています。同社のホームページ上では、一般の乗用車市場のように、再製造工程を経た「保証付きの認定中古機械」が販売されています。


製品寿命の延長は、「計画的陳腐化」に立脚してきた20世紀のビジネスパラダイムからすると、まさにコペルニクス的な転回です。消費者が良いものを長く使い続ければ、企業側からすると売り上げが上がらないというジレンマを抱え込みかねません。

リファービッシュやリマニュファクチャリングは、中古品であっても再度製品自体の売り上げが上がるため（中古品の再販も、IKEAのように自社が手がければ売り上げが立ちます）、企業にとっては馴染みやすいアプローチですが、リペアはそうではありません。修理というサービス提供に対して、その手間賃が対価として支払われるだけです。

このため、既存企業でリペアを全面的に事業活動に取り入れている企業は、現時点ではさほど多くなく、後述する米国アウトドア用品のパタゴニアや日本のユニクロなど、一部の先進的なアパレル企業が先駆的な取り組みを行っている程度です。実際、パタゴニアは「修理は急進的な行為（radical act）」であるとしており、従来のビジネスパラダイムからの脱却の象徴として、取り組みを進めています。

⑤回収とリサイクル

5番目の分類は、廃棄物を新たな価値を生む資源と捉え直し、使用済みの製品や製造プロセスやオペレーションで発生する廃棄物から有用な資源を回収・抽出し、それらをリサイクルして再利用するビジネスモデルです。

このビジネスモデルは、多くの企業で採用が可能であり、実際にこれまでも数多くの企業が採用しています。しかし、ここで重要なことは、エレン・マッカーサーのサーキュラーエコノミー原則にあるとおり、資源の価値をできる限り高く維持することです。

つまり、リサイクルといっても、元の製品よりも価値や品質が低下する「ダウンサイクル」よりも、元の製品と同等の価値や品質にリサイクルする「水平リサイクル」や、元の製品よりも付加価値の高い製品に再生する「アップサイクル」が望ましいという訳です。

たとえば、PETボトルの例では、PETボトルを溶かして道路舗装用や園芸用プランターなどにするダウンサイクルよりも、PETボトルから再び新しいPETボトルへと生まれ変わらせる水平リサイクルや、使用済みPETボトルを高品質の衣料品（フリース、ジャケット）などに生まれ変わらせるアップサイクルの方が高い価値を創出することになります。そのための技術力やノウハウが、このビジネスモデルの実現には求められるのです。

製造過程もしくは消費後に廃棄された自社の製品から、貴重な資源を回収してリサイクルを手掛ける企業は多くあります。たとえば、ユニリーバ社では、紅茶の製造過程で発生する茶葉残渣を堆肥や燃料として活用したり、アイスクリーム製造時の廃棄物をバイオガス生産に利用したり、石鹼製造時に発生するグリセリンを他の製品の原料として再利用するなど、副産物の有効活用も積極的に推進しています。

また、アップル社は、「アップルトレードイン」プログラムを展開し、古いデバイスの下取りや回収を行い、リサイクル作業ロボットのDaisyで分解するなどして、回収した材料を新製品に利用しています。

こうしたモノやサービスの製造・販売を自ら行う企業（一般的に、動脈企業と呼ばれます）が、自社製品からの回収やリサイクルを手掛けているほかにも、廃棄物の回収・リサイクルを専門に行う企業（静脈企業と呼ばれます）が世界各地には無数に存在しています。多くは地域に密着する中小・中堅企業ですが、なかには、グローバル規模で活動する多国籍企業もあります。

たとえば、米ウェイスト・マネジメント（Waste Management）社は、北米最大の廃棄物管理・リサイクル企業です。包括的なリサイクルサービスを提供するほか、顧客企業と協力して、使用済み製品を新製品の原料として再利用するクローズドループリサイクル（水平リサイクル）事業を展開しています。また、フランスのヴェオリア・エンバイロメント（Veolia Environnement）は、プラスチックのリサイクル事業や、電子機器からの資源回収、有機廃棄物のメタンガス化によるグリーンエネルギーの供給、産業排水からのリンの回収や有機廃棄物のコンポスト化などのソリューションを提供しています。

2　サーキュラーエコノミーが生み出すスタートアップ

サーキュラーエコノミーで特筆すべきことの一つが、この分野で数多くのスタートアップが生まれ、成長していることです。その背景には、まさにこれまで説明してきたビジネスモデルの変化があります。加えて、地球の限界と気候危機への問題意識や社会課題への関心から、自ら行動を起こす若者が増えていること、デジタルやインターネットが新しいビジネスのあり方を可能にしていること、などを指摘することができます。

以下では、環境・社会的インパクトを志向する起業家が牽引するスタートアップをいくつか紹介してゆきます。

分解できるスマホ——Fairphone

2013年にオランダで誕生したフェアフォン社（Fairphone）は、その名のとおり、公正（フェア）なスマートフォンの製造・販売を手掛けるスタートアップ企業です。創業者のバス・ファン・アベルは、スマートフォンをはじめとする電子機器産業におけるメーカー主導のあり方を変革し、より持続可能で倫理的な方向へと産業全体を導くことを目指し、仲間と共に同社を起業しました。

起業の背景にあるのは、創業者たちの業界の現状への懐疑です。頻繁なモデルチェンジや計画的陳腐化による製品の短寿命化、それに伴う資源の無駄遣いと電子廃棄物の増加、紛争鉱物の使用や劣悪な労働条件、有害物質の使用と排出、利用者による修理の困難さ、資源の過剰採掘による環境破壊など、この産業が抱える課題は広範かつ深刻です。

図3-2　フェアフォンの「分解できるスマホ」

出典：Fairphone 社ホームページ　https://www.fairphone.com/nl/2023/12/19/ifixit-thinks-the-fairphone-experiment-is-fixing-the-tech-industry/

アベル氏らが開発したスマホは、修理やアップグレードがしやすいモジュラー設計となっており、サプライチェーンに紛争鉱物を使用せず、公正な労働によって製造されている点が特徴です。

一般的に、スマートフォンの平均買い替え周期は概ね2〜4年といわれています。買い替えの主たる理由は、バッテリー寿命の劣化やより高性能なカメラへのニーズ、落下や水没などによる損傷や破損、ソフトウェアの更新需要や、OSのサポート終了などです。

そのため、フェアフォンは、バッテリーやカメラなどの部品を取り外しやすいモジュール設計とし、接着剤を使わずネジで留めることによって、ユーザーが専用のスクリュードライバーで簡単に分解して、必要な部品のみを交換できるようにしています（図3－2）。部品の入手も容易です。同社のオンライン上では、ネジ1本に至るまで多様なスペアパーツが販売されています。さらに、ソフトウェアの長期サポートも提供し、買い替えの必要性を極力減らしています。

スマートフォンには、タンタル、タングステン、銅、鉄、ニッケル、アルミニウム、スズ、銀、クロム、金、パラジウムなど、貴重な鉱物資源が多く含まれています。それらは紛争地域で採掘されたり、過酷な児童労働を伴っているケースもあります。にもかかわらず、スマホは他の家電製品などとは異なりサイズが小さいことから、そのままごみ箱に捨てられてしまったり、家庭に死蔵されていることも少なくないのです。アベルたちは、修理を可能にすることで、製品寿命の延長を図り、鉱物資源採掘の必要性を抑制することを目指しています。

彼らのもう一つのミッションは、「消費者に力を与える」ことです。従来の電子機器業界では、メーカー優位の構造により、高い修理費用が必要となるメーカーの公式修理サービス以外に選択肢はなく、ユーザーは新製品の買い替えに誘導されてきました。こうしたメーカー主導の構造を改革し、消費者がメーカーに依存することなく、自分でスマホを修理でき、自分でソフトウェアを更新できるようにするのが彼らの狙いです。「メーカーから消費者へ権利を移す」という社会変革への挑戦です。

フェアフォンは、スマートフォン業界全体から見れば、売上規模では1％にも満たない小さなプレーヤーではありますが、業界全体の変革を促す大切な触媒の役割を果たしたと言えるでしょう。アップルが2021年に修理を直営店以外に認める決定をするなど、大手企業の行動やビジネスモデルに重大なインパクトを与えるとともに、前章で説明したEUの「修理する権利」関連規制の導入にも、同社の活動が少なからず影響を及ぼしています。

リファービッシュを第1選択肢に――Back Market

フェアフォン社と同様に、電子機器廃棄物の課題解決を目指し「修理する文化」の普及に挑むもう一つのスタートアップが、フランスのバックマーケット社（Back Market）です。同社はスマートフォンやタブレットなどのリファービッシュ品（整備済製品）を取り扱う世界最大級のマーケットプレイスであり、2014年に、ティボー・ユグ・ドゥ・ラローズとその他2人の共同創業者によって設立されました。

リファービッシュとは、前項で説明したとおり、製品を部分的に修理・整備し、元の製品に近い性能まで回復させるアプローチで、製品のままで使い続ける「製品の長寿命化」ビジネスモデルの一つです。バックマーケットで流通するリファービッシュ品は、単純な中古品市場とは異なり、同社のパートナーである専門家によってクリーニング・検査・修理され、厳格な品質検査を経たうえで、同社による12カ月の保証が付帯されています。

品質が保証されている一方で価格は中古品に近い水準であり、そのうえ、環境負荷が新品に比べて大幅に低い点が魅力になっています。

同社は、新品をリファービッシュ品に置き換えることによって、原材料の使用量を91・3%削減、水の使用量を86・4%削減、電気電子機器廃棄物の発生量を89%削減、大気中へのCO_2排出量を91・6%削減できているとしています。

バックマーケット社は、欧州、米国、日本を含むアジアへと活動を急速に拡大し、2021年には10億ドル以上の時価総額を有するフランス最大のユニコーン企業へと成長を遂げています。EUが導入するサーキュラーエコノミー関連の規制が、新たな産業や躍進するスタートアップを生み出す原動力となっていることを示す好事例となっています。

ジーンズからジーンズへ――MUD Jeans

ファッション分野でも多くのスタートアップが生まれていますが、デニム産業のサーキュラーエコノミー化に挑戦しているのが、オランダのマッド・ジーンズ社(Mud Jeans)です。べルト・ファン・ソンによって2012年に創業されたデニムブランドで、世界で最もエシカル（倫理的）なデニムともいわれています。

創業者は、長年にわたりファッション業界で働くなかで、デニム産業における大量の水の使用や有害化学物質の使用、労働慣行などに疑問を感じ、持続可能で責任ある業界の実現ならびに消費のあり方を変革することを使命とし、同社を立ち上げました。

マッド・ジーンズのビジネスモデルはリース方式が基本となっており、顧客は月額料金を支払うことでジーンズを使用し、破損した場合は無料で修理を受けられます。使用後は返却し、新しいペアと交換することができる仕組みです。

同社は、返却されたジーンズを細かく裁断して繊維とし、オーガニックコットンと混ぜ合わせ、紡いで糸を生成し、その糸をインディゴカラーに染めて生地を作り、新たなジーンズへと生まれ変わらせます。このリサイクルプロセスを容易にするため、設計段階から工夫を凝らしており、ボタンやリベットは特定のものだけを使用するほか、シンプルでリサイクルを想定したデザインを採用しています。

同社のすべてのデニム製品は有害物質を含まない方法で生産されているほか、従来のジーンズ製造に比べて水の使用量を90％、CO_2排出量を47％削減するなど、ファッション産業におけるサーキュラーエコノミーの実践企業として高く評価されています。

余ったパンをクラフトビールに――Toast Ale

食品ロスと戦うスタートアップの代表例のひとつが、英国を拠点とするトーストエール社（Toast Ale）です。英国人の活動家で『世界の食料ムダ捨て事情（Waste：Uncovering the Global Food Scandal）』の著書もあるトリストラム・スチュアートが２０１６年に創業した社会的企業です。

まちのベーカリーの売れ残りやサンドイッチ用に捨てられるパンの耳、食品工場から出る廃棄予定のパンなどを回収し、クラフトビールを醸造し、「ＴＯＡＳＴ」というブランドで販売しています。

彼は、最も頻繁に廃棄される食品の1つがパンであり、英国で生産されるパンの44％が廃棄されている一方で、途上国では多くの人々が食料不足に陥っている現状に疑問を抱いてきました。今日のリニアエコノミーに蔓延している構造的な食品廃棄物問題を解決したいと立ち上げたのが、トーストエールです。

自社の事業活動の範囲を超えて社会に広くインパクトを与えるため、同社は、自社のホームページ上で廃棄パンからビールを作るレシピを無償公開し、世界のブルワリー仲間に対して食品システムの無駄を無くすための啓発を行っています。さらに、２０２1年のＣＯＰ26（国連気候変動枠組条約第26回締約国会議）の際には、ギネスをはじめとする大手醸造所と共にキャンペーンを行い、気候変動への具体的約束を世界の指導者に求める公開書簡を発表するなど、現代の食料システムの根本的な変革に向けた運動も展開しています。

また、同社が提唱する投資アプローチも注目に値します。「Equity for Good」と呼ばれる同社独自の投資モデルは、株主は株式の配当を受け取らず、分配可能利益はすべて慈善活動に寄付される仕組みです。株主が株式売却によって得るキャピタルゲインは、社会的影響を与える事業や基金に再投資されることが前提となっています。この漸新な投資モデルには、インパクト重視の非営利団体ナショナル ジオグラフィック協会やネットゼロを目指すハイネケン・インターナショナルなどが賛同し、資金を提供しています。

食品ロスを削減するモバイルアプリ――Too Good to Go

もう一つ、食品ロスの取り組みで先進的なスタートアップが、Too Good To Goです。「世界中のフードロスを削減する」とのミッションを掲げ、２０１６年にデンマークのコペンハーゲンで創業されています。モバイルアプリを通じて、参加する飲食店やスーパーマーケットと消費者をつなぎ、「まだ食べられるのに捨てられてしまう食べ物」を定価の半分以下で提供します。「Too Good To Go」というブランド名には「廃棄されるには良すぎる」というメッセージが込められています。

ビジネスモデルは次のとおりです。まず、ユーザーが同社のアプリを開くと、近隣のレストラン、カフェ、スーパーなどの参加店舗が地図上に表示され、各店舗が提供する「サプライズバッグ」のおおよその内容（例：パン類、惣菜など）と価格が表示されます。

ユーザーは希望するサプライズバッグを選び、アプリ内で予約と支払いを行います。指定された時間内に店舗を訪れ、アプリで予約したことを示して商品を受け取る仕組みです。

店舗側は、売れ残りになりそうな商品をいわば福袋として販売することにより、特定の人気商品が実質値引きとなるリスクを回避できます。消費者にとっても、想定しなかった商品を手にすることもあり、サプライズによる楽しさもサービスの魅力となっています。

同社はこのビジネスモデルを通じて、食品廃棄物を削減しながら、消費者に割安な食品を提供し、店舗の損失も軽減するという、Win-Win-Winの関係をつくり出しているのです。

欧州を中心に米国、カナダ、オーストラリアなど17カ国で利用され、世界中でこれまで累計1億人がアプリを利用し、19万店舗がサービスに登録したとされています。日本では、「Too Good To Go」に触発されて開発された「TABETE」アプリなどが浸透しつつあります。

第4章

経営の新たな挑戦と未来像

リニアエコノミーという従来の経済モデルのもとで成長・発展したグローバル企業のなかにも、欧州を中心に、早くからサーキュラーエコノミー型の経営への転換を進め、成功を収めている先駆企業が見られます。これらの企業は、サーキュラーエコノミーの実現に向けて、前章で紹介したビジネスモデルの個別の実践にとどまらず、複数のアプローチを融合させ、資源効率の最大化と環境負荷の最小化、顧客価値の最大化を統合的に進めています。この章では、サーキュラーエコノミーへの経営変革に取り組む先進企業を紹介するとともに、そのケースの事例の分析から、サーキュラー経営に求められる要件を抽出してゆきます。

1　世界の先進企業の取り組み

フィリップス（オランダ）――PaaSモデル開発の先駆者

前章で紹介した「ライト・アズ・ア・サービス」というPaaSモデル開発の先駆者であるオランダのフィリップス社は、サーキュラー型経営への変革を進めている代表的な先進企業です。

フィリップスの事業と経営の変革の旅を牽引したのが、2011年にCEOに就任したフランス・ファン・ホーテンです。就任の翌年の2012年に、最初の5年間の戦略にサーキュラーエコノミーを組み込むという大胆な決断を行いました。

照明器具の老舗企業として長い歴史を誇ってきた同社が、照明器具の「販売」ではなく、明るさというパフォーマンスを「サービス」として提供するビジネスモデルに転換したことは、自らの成功の基盤となっていた20世紀の大量生産・大量消費のビジネスモデルからの脱却を意味するものであり、産業界全体に大きなインパクトを与えました。

その後、ホーテンCEOは、フィリップスの企業全体戦略と事業ポートフォリオの大転換を実行し、照明事業の分離と家電事業の売却を経て、ヘルスケア分野への特化を図っていきます。同時に、さらに野心的なサーキュラーエコノミー戦略を推し進めてゆきます。

2020年9月には、2025年までに、①循環型製品・サービス・ソリューションから売り上げの25%を生み出すこと、②使用終了管理を含むすべての専門医療機器の循環を完結すること、③フィリップスの全拠点に循環型慣行を根づかせ埋め立て廃棄物ゼロを目指すこと、を約束しています。

この野心的な目標の達成に向けて同社は、前節で紹介した製品寿命の延長や、PaaSモデル、回収・リサイクル、循環型サプライの活用など、複数のビジネスモデルを組み合わせた包括的なアプローチを展開しています。

まず、医療機器の設計の段階から再利用・修理・リサイクル・再製造を考慮した循環型製品設計を採用し、部品の交換や更新を容易にすることで、MRIやCTスキャンなどの大型医療機器のリファービッシュモデルを展開しています。使用後の機器は工場で分解・洗浄・修理・更新され、ほぼ新品同様の品質基準を満たすリファービッシュ品として市場に再投入されます。

また、ヘルスケア・アズ・ア・サービス（HaaS）と呼ばれる、革新的なPaaSモデルも導入しています。このモデルでは、顧客である医療機関が画像診断機器などの使用量にもとづいて支払いを行い、フィリップスが装置の保守、アップグレード、最適化を担います。さらに、使用済み医療機器からの希少金属や貴金属の回収・リサイクルにも積極的に取り組んでいます。

このように同社では、いくつもの循環型モデルを統合することで、製品のライフサイクル全体での資源効率の最大化と環境負荷の低減を図っているのです。また、リファービッシュの方法を用いて高価な大型医療機器を循環させ、最新の医療機器の購入が難しい中小医療機関にも低価格で利用できるようにするアプローチは、より多くの人々の高度医療機器へのアクセスを可能にする、といった社会的価値の創出を目指すものです。同時に、HaaS方式や機器回収プログラムは、顧客との継続的な関係の構築につながることから、リピートビジネスの創出による経済的価値の向上にも寄与しています。

2022年時点で、同社のサーキュラー製品・ソリューションの売り上げは全売り上げの18%に到達し、2025年の25%目標に向けて着実に前進しています。


ミシュラン（フランス）――循環型材料100%を目指す

フランスのタイヤメーカー、ミシュランの先進的な取り組みも注目に値します。2023年の売上高283億ユーロを誇る同社は、ブリヂストンと米グッドイヤー（Goodyear）と並ぶ「ビッグ3」の一角を占めています。26カ国に121の生産拠点を持ち13万人以上の従業員を有する、フランスを代表するグローバル企業です。

ミシュランは、フランスで「サーキュラーエコノミーのための廃棄物防止法」が施行される2020年よりはるか前より、循環型ビジネスを積極的に展開してきました。

たとえば、前章で説明した同社のタイヤ・アズ・ア・サービス（TaaS）である「マイレージ・チャージプログラム」は、2013年に導入された「EFFIFUEL」というソリューションサービスにさかのぼります。

TaaS事業を通じてミシュランは、タイヤ自体を所有し、サービス終了後にタイヤを回収、リトレッドタイヤとして再生し、次の顧客に提供します。このサイクルを最適に管理することで「製品寿命の延長」を図り、廃棄の削減と資源効率の向上を実現しています。使用済みタイヤの活用率は90%以上に上ると報告されています。

「循環型材料の利用」にも積極的です。次世代タイヤのコンセプトを示した2017年発表のビジョンにおいて、同社は「100%持続可能原料を使用したタイヤ」を掲げ、リサイクル技術や新材料開発への投資を強化してきました。

2021年2月には、使用済みタイヤから、カーボンブラック、熱分解油、スチール、ガスなどの高品質の再生材料を回収する特許技術を有するスウェーデンのエンバイロ社に出資し、同社と共同で、世界初のタイヤリサイクルプラントの南米チリでの建設を発表しています。

これらの一連の変革を推進しているのが、2019年5月にCEOに昇格したフロラン・メネゴーです。彼は、2021年4月に発表した企業戦略において、「人・地球・利益の三方よし」という考えを打ち出し、持続可能な原材料の割合を2030年までに40%に増やし、2050年までには100%にすることをコミットするなど、サーキュラーエコノミーや持続可能性を企業戦略の中心に据え経営を主導しています。すでに、ミシュランタイヤの原材料の約30%が、天然素材かリサイクル素材等の持続可能な原材料となっており、2030年の目標である40%への歩みを着実に進めています。

ユニリーバ（英国・オランダ）――プラスチック循環を先導

ユニリーバは、英国とオランダに本拠を置く消費財業界のリーディングカンパニーで、食品、飲料、洗剤、ヘアケア製品、トイレタリーなど幅広い日用品事業を世界中で展開しています。

2010年、まだSDGsといった言葉もない時代に、ポール・ポールマンCEO（当時）の強力なリーダーシップのもと、「ユニリーバ・サステナブル・リビング・プラン」と称する10年間の戦略プランを発表し、環境負荷を減らしながら、社会に貢献し、同時にビジネスを成長させることを約束しました。その後10年間で、売上高を1・3倍に、営業利益を1・8倍に、株価を2・7倍に伸ばし、持続可能性と環境再生を追求する先進的企業として、世界的に認知されるに至っています。

サーキュラーエコノミーについても、プラスチック循環に向けた業界の動きを先導してきました。2019年に、「2025年までに、プラスチックパッケージを100%再利用・リサイクル・堆肥化可能にする」ことや「2025年までに、プラスチックパッケージの少なくとも25%を再生プラスチックにする」といった意欲的な目標を掲げ、多様なアプローチを展開してきました。

たとえば、リサイクルを容易にするために、これまでの複合材料を利用した製品設計から、できる限り単一素材を使用した包装の開発と導入を進めています。また、歯磨き粉や柔軟剤などの容器本体とキャップを同じプラスチック素材とすることで、分離せずに一緒にリサイクルできるよう設計を工夫しています。

不必要なプラスチック包装の削減にも取り組み、一部の製品では包装を完全に廃止しています。同時に、再生プラスチックの利用を拡大させるとともに、生分解性プラスチックや植物由来の材料など、環境負荷の低い革新的な包装材料の研究開発・導入を進めています。さらに、洗剤や化粧品などの製品ラインでリフィル（詰め替え）可能な容器の提供や、使用済み製品や包装材の回収プログラムも実施しています。

こうした多角的な取り組みの結果、同社の２０２３年の再生プラスチックの利用率は22％まで進み、２０２５年目標の25％に近い水準に達しています。一方で、再利用・リサイクル・堆肥化可能なパッケージについては、２０２５年目標の１００％に対して、53％と大幅に進捗が遅れています。

これについて同社は、リサイクルインフラの不十分さなど自社では制御不能な要因を指摘したうえで、その解決に向けてリサイクル事業者との連携にも力を入れています。このことは、サーキュラーエコノミーの実現が一社だけの努力では達成不可能であることを如実に表しているといえるでしょう。

パタゴニア（米国）――地球を唯一の株主に

サーキュラーエコノミーの潮流は欧州発であり、その分野の先進企業もオランダやフランス、北欧などが多いのですが、世界には、サーキュラーエコノミーという概念が確立される前から、事業が環境に与える影響に注目し、画期的な循環型経営を実践してきた企業がいくつも存在します。その代表事例が、1973年にカリフォルニアで設立されたアウトドア衣料品を手掛けるパタゴニア社です。

登山家でもあったイヴォン・シュイナードが創業したパタゴニアは、設立当初から極めて高い環境意識を持つ先駆的企業でした。1993年には、リサイクル・ペットボトル製の糸でフリースの製造を開始し、1996年には、すべてのコットン製品に100％オーガニックコットンを使用し始めています。

パタゴニアがとりわけ注力するのが、リペア（修理）と再利用モデルです。2011年には、リデュース、リペア、リユース、リサイクル、リイマジンを推進する「コモンスレッズ・イニシアティブ」を導入し、すべてのパタゴニア製品の循環を目指します。

顧客は、使用したパタゴニア製品を店舗に持ち込めば、無料もしくは低価格にて修理サービスを受けることができます。同社のホームページには、「壊れたら修理しよう」とのメッセージとともに、ボタンやジッパーの直し方、ベルトのバックルの直し方などがビデオで解説されており、顧客が自分で修理するためのリペアキットの販売も行っています。様々なアプローチを通じて、消費者に「リペア文化」を根づかせようとしているのです。

さらに2017年には、中古のパタゴニア製品の修理・再販を促進する「ウォーン・ウェア（Worn Wear）プログラム」を立ち上げ、使用済みの製品を買い取り、必要な修理を行ったうえで製品保証をつけ、次に必要とする人に販売しています。

リペアや中古販売が困難な製品については回収し、できるだけ高い価値を保持する形で再生させます。回収した製品は、ポリエステル、ナイロン、ウール、綿といった素材に分別され、それぞれに合った最適なリサイクル処理が施されます。

リサイクルされた再生素材は、パタゴニアの新製品の原料として衣料品に使用されるほか、バッグや小物などの他の用途に転用されます。品質が低い再生素材は、断熱材をはじめ元の製品よりも価値の低い製品として活用されてゆきます。これらの一連の循環型システムを最適化するため、製品は、分解や修理、部品交換ができるようにあらかじめ設計され、耐久性の高い素材の選択により長寿命化を図っているのです。

衣料分野以外にも、パタゴニア・プロビジョンを通じて持続可能な食品事業に取り組んでいます。2012年に初の商品であるワイルドサーモンを発売し、2016年には、多年草大麦「カーンザ」を15％使用したビール「ロングルート・エール」を投入しました。

カーンザは、長い根（ロングルート）を持つ食物で、土壌の保水力を高め、表土を固定して侵食を防ぎ、一般に使用される麦と比べてより多くの炭素を大気より隔離するとされており、同社が推進する環境再生型（リジェネラティブ）な有機農業を象徴する存在となっています。

インターフェイス（米国）——知られざるリーディングカンパニー

消費者向けのB to C企業であるパタゴニアが比較的知られている存在であるのに対し、オフィスや商業施設向けのタイル・カーペットの設計、製造、販売を世界中で手掛けるB to B企業である米国インターフェイス社は、一般には馴染みが少ない企業です。しかし、米国アトランタで1973年に創業した同社は、大量に石油資源を必要とするカーペット製造のあり方を大胆に見直し、イノベーションと技術革新によってサーキュラーエコノミーを実践する、リーディングカンパニーです。

創業者のレイ・アンダーソン（故人）は、未だCSRといった概念すら確立していない1994年に、環境問題研究家ポール・ホーケンの著作『サステナビリティ革命（*The ecology of commerce*）』に触発され、「ミッション・ゼロ（2020年までにCO_2など環境に悪影響を与えるものをゼロにする）」を目標に掲げ、サステナビリティ経営に大きく舵を切りました。

当時のインターフェイスは、石油を原料とするポリエステル糸を使い、化石燃料を燃やして得られたエネルギーを使ってカーペットを製造し、廃棄物を埋め立て処理する企業で、ミッションゼロの実現には事業モデルの大転換が不可欠でした。試行錯誤の末、同社は「バイオミミクリー（生物模倣）」のコンセプトに出合い、革新的なイノベーションを起こしていきます。

たとえば、カーペットのデザインに、木の葉が森の地面に散らばる様子などを模すと、タイルカーペットが1枚1枚微妙に異なるため、後から一部だけを交換しても違和感が無くなります。その結果、在庫を削減し、廃棄も最小に抑えることが可能となります。また、ヤモリの足の粘着メカニズムから着想を得て、接着剤不要でタイルカーペットを簡単に取りはずしできるようなシールを開発し、再利用やリサイクルを容易にしていきました。

さらに、同社製品の環境フットプリントの測定の結果、顧客の使用時の排出が19％、廃棄の段階での排出が14％と、同社が直接管理できない部分が存在することが判明したため、従来の売り切りモデルから、設置・メンテナンス・回収までを一貫して同社が管理するビジネスモデルへと大きく転換を図りました。

カーペットを「作って売る」のではなく、「快適で、人の健康や創造性に働きかけ、環境を良くする機能を持ったカーペットを使える利便性を提供する」ことを重視しているのです。その実現のために、リサイクル糸の製造技術を持つ供給メーカーと協働し、リサイクルとバイオベースの原料を使い、再生可能エネルギーで動く機械でカーペットを織り、リース方式で製品を顧客に提供しています。

同社は2019年時点で、温室効果ガス排出量の96％削減、製造過程での水使用量の89％削減、埋め立て廃棄物の92％削減、再生可能エネルギーの使用率89％など、「2020年ミッション・ゼロ」の目標をほぼ達成しており、さらなる高みへと挑戦を進めています。

2　サーキュラーエコノミー経営に求められるもの

以上、欧米の先進企業を紹介してきましたが、ビジネスと経営レベルで、サーキュラーエコノミーへの転換を図るにあたって求められるものは何なのでしょうか。

これらの事例から得られる洞察として、①経営トップのビジョンとリーダーシップ、②高い野心的な目標の設定と従業員のエンゲージメント、③イノベーションの推進、④ステークホルダーの巻き込みとパートナーシップ、そして⑤顧客の教育啓発、を挙げたいと思います。

①経営トップのビジョンとリーダーシップ

サーキュラーエコノミーへの転換は、これまでのビジネスや経営のあり方を刷新する革命です。したがって漸進的なボトムアップでの積み上げでは実現が難しく、トップのコミットメントとリーダーシップが不可欠となります。そしてそのトップ自身が、サーキュラーエコノミーが拓く経済社会の未来像を、自身の経営哲学として内在化していることが求められます。

フィリップスのフランス・ファン・ホーテン前CEO、ミシュランのフロラン・メネゴーCEO、インターフェイスのレイ・アンダーソン元CEOは、まさにその実例です。

また、ユニリーバ元CEOのポール・ポールマンは、サーキュラーエコノミーの取り組みを超えて、サステナビリティと長期的価値の創造を経営の中核に置き、同社を成功に導きました。利益予測の発表や四半期報告を廃止し、ヘッジファンドに対しても「あなた方は歓迎されざる投資家だ」と公言してはばかりませんでした。責任あるビジネスの姿を追求する姿勢を認められ、同氏は、ユニリーバ在職中の2012年に国連のハイレベル・パネルのメンバーに任命され、「持続可能な開発目標（SDGs）」の策定にも大きく貢献しています。

世界の営利企業のなかでも卓越した挑戦を続けるパタゴニアを牽引するのも、創業者イヴォン・シュイナードを筆頭とする経営陣の揺るぎない信念とコミットメントです。「死んだ地球でビジネスは成り立たない」という言葉を好むシュイナードは、早くも1985年に、同社の税引前利益の10%を草の根環境活動グループへ寄付する活動を開始しました。2018年には、同社のミッション・ステートメントを「私たちは、故郷である地球を救うためにビジネスを営む」へと刷新しています。さらに2022年には、会社の全所有権を環境保護と気候変動対策を目的とする信託へ譲渡し、「地球が私たちの唯一の株主である（Earth is now our only shareholder）」と宣言し、企業のあり方そのものに根本的な問題提起を行っています。

②野心的な目標と従業員のエンゲージメント

2つ目の要件は、野心的な目標の設定と、従業員の巻き込み、さらには組織の活性化です。

1994年に「ミッション・ゼロ」を掲げたインターフェイスのアンダーソン氏は、このビジョンの実現をエベレストよりも高い山を登ることに例え、「マウント・サステナビリティ」と表現しました。山の登頂には7つの峰（1つ目の峰：廃棄物ゼロ、2つ目の峰：無害の排出、3つ目の峰：再生可能エネルギーの使用、4つ目の峰：ループを閉じる、5つ目の峰：資源を効率的に活用した輸送、6つ目の峰：ステークホルダーを巻き込む、7つ目の峰：新たなビジネスモデルをつくる）を超える必要があると定め、そのためには従業員全員のアイデアと創造性が必要だと説き、目標に向けて従業員を鼓舞していったのです。

フィリップスでは、サーキュラーエコノミーに関する従業員やステークホルダーの関与を高めるため、2025年目標に向けた詳細な循環型KPIを設定し、コミュニケーションを徹底しています。また、製品・サービス設計者などを対象に、コストとパフォーマンスだけでなく、エネルギー効率やモジュール性、アップグレード性などの基準を設計にあたって勘案するよう、トレーニングの充実も図っています。さらには、サーキュラーエコノミーの実践コミュニティ（ハブ）を社内に設け、社内外から専門家を集め、ベストプラクティスやパイロットからの学びを戦略ロードマップに取り込んでいます。

③イノベーションの推進

3つ目の鍵はイノベーションです。サーキュラーエコノミー経営への移行は、製品設計、生産プロセス、リサイクルといった技術的なイノベーションだけでなく、ビジネスモデルやサプライチェーン、消費者との関係性の刷新など、多面的なイノベーションを要する複雑なプロセスです。

インターフェイスでは、前述した「バイオミミクリー（生物模倣）」を取り入れた製品設計のイノベーションや、カーペットの設置・メンテナンス・回収までを一貫して同社が行うビジネスモデルへの転換が成功を導いています。

顧客は、同社の製品・サービスを利用することで汚損や摩耗したタイルのみを交換すればよいことから、コスト削減することができます。また、廃棄の削減やカーボンフットプリントの低減も実現でき、顧客自身のサステナビリティ経営の一助にもなります。これがインターフェイスの顧客への訴求力、すなわち競争優位の源泉となっているのです。

ミシュランも、技術革新への注力とオープンイノベーションを経営の中核に位置づけ、バイオベース材料や再生可能材料の研究開発、タイヤのリトレッド（再生）技術、ＴａａＳモデルの採用、タイヤリサイクル技術など、多くのイノベーションを生み出しています。

もともとミシュランは、世界で初めてとなる空気入りタイヤの装着や長寿命と高い安全性を実現したラジアルタイヤの発明など、革新的なＤＮＡを有する会社です。サーキュラーエコノミーの実現にあたっても、技術力を最大限に活かし、素材を持続可能なものへと革新し、そのビジョンを実現しようとしています。

④ステークホルダーの巻き込みとパートナーシップ

ミシュランの事例は、他社や業界との協働がサーキュラーエコノミーの実現に不可欠であることを示す好事例でもあります。

研究開発力とイノベーションを中核に置くミシュランですが、ミシュランが扱うタイヤは、主原料の天然ゴムに加え、合成ゴム、金属、繊維、強化剤、可塑剤（樹脂）、加硫用の硫黄など、２００種以上の素材で製造されているため、同社単独で、すべてを持続可能にすることは現実的ではありません。そこで、２０５０年までに１００％持続可能な製品を開発するために、同社は様々な革新的な技術を持つベンチャー企業と提携しています。

たとえば、2019年には、フランスのAxens社と協力し、バイオマス由来のブタジエンによって、石油由来のブタジエンの代替を目指すことを明らかにしています。木材やもみ殻、葉、トウモロコシの茎葉などの植物廃棄物からエタノールを生成しブタジエンに変換することで、最終的には、毎年420万トンの木材チップ相当をミシュランタイヤに組み込むことを見込んでいます。

合成ゴムのもう一つの重要な成分であるスチレンについては、カナダのパイロウェーブ社と2020年11月に提携し、廃ポリスチレンからの再生スチレンの製造に取り組み、毎年8万トン相当のポリスチレン廃棄物をタイヤにリサイクルすることを目指しています。

タイヤ製造用のポリエステル糸については、フランスの新興企業Carbiosとの連携を進めています。同社は、酵素を使用してペットボトルを元の純粋なモノマーに分解する技術を有しており、この提携によって年間約40億本のペットボトルからポリエステル繊維を合成し、タイヤ原料としてリサイクルするプロジェクトを展開しています。

ほかにも、EUが設立した使用済みタイヤの循環利用プロジェクト「BlackCycleコンソーシアム」に参加したり、ブリヂストンと連携を発表するなど、個社の活動を超えて、業界全体の循環型システムの構築に取り組んでいます。

ミシュランのみならず、ユニリーバの取り組みにおいても、自社に閉じないステークホルダーとの緊密な連携が特徴的となっています。たとえば、サプライヤーとは、持続可能な原材料の調達、パッケージングの軽量化や再生可能素材の共同開発などを積極的に進め、リサイクル事業者とは、使用済み製品の回収システム構築や、リサイクルの容易さや処理効率を製品設計に反映するなど、緊密な協力関係を築きあげています。

⑤顧客の教育啓発と協働

サーキュラーエコノミー経営の推進における重要な要諦の最後は、顧客の教育啓発です。大量生産・大量消費・大量廃棄のリニアエコノミーのなかで、顧客は安価で便利な製品に慣れ親しんでいます。循環型製品がバージン材でつくられた新製品と同等の性能や機能を持ちながらも、外観に微妙な違いがあることに対して抵抗を感じる顧客も少なくないでしょう。したがって、企業が積極的に循環型の製品を投入しようと努力しても、消費者から製品の価値が理解され、受け入れられなければ、事業は成立しません。そのため、サーキュラーエコノミーへの移行には、消費者の意識変化が不可欠なのです。

その点で、ユニリーバが消費者に対して、適切な分別・廃棄方法に関する啓発や、環境に配慮した製品選択の推奨を積極的に行っていることは、有効なアプローチといえます。

とりわけ、消費者との対話と教育啓発において飛び抜けている企業が、パタゴニアです。同社が、2011年11月25日のブラックフライデーに、「ニューヨーク・タイムズ」紙に掲載した「Don't buy this Jacket（このジャケットを買わないで）」という全面広告は、ファストファッション全盛時代のファッション業界へのアンチテーゼであり、持続可能な消費文化の形成に大きな影響を与えました。

さらに、2016年のブラックフライデーには、「100％フォー・ザ・プラネット」と題したキャンペーンを実施し、当日の売り上げ（利益ではなく売り上げ）のすべてを環境団体に寄付することで、消費者意識の変化と行動変容を積極的に促しています。

さらに、2016年のブラックフライデーには、「100％フォー・ザ・プラネット」と題したキャンペーンを実施し、当日の（利益ではなく）売り上げのすべてを環境団体に寄付することで、消費者意識の変化と行動変容を促しています。

同社のこうした教育啓発活動は、ブランド力と競争力の向上にもつながっています（パタゴニアがそのために教育啓発活動を行っているわけではないでしょうから、あくまで副産物としての結果です）。環境保護や再生を実現するサーキュラー経営の実現は、多くの場合コスト増につながることが多く、市場における競争において足枷となりがちです。パタゴニアの製品は、同業他社のものと比較しても高額ですが、同社の一貫した経営哲学は、アウトドアの愛好家や環境意識の強い顧客に受け入れられ、たとえ商品が他のメーカーより高くても支持される一因となっているのです。

3　日本企業の取り組み

日本企業にも、サーキュラーエコノミーへの取り組みを積極的に進めている企業が多くあります。3Rの活動を基盤として豊富な知見と技術を保有するものづくり企業や、プラスチック問題を中核に据えて取り組む企業など、様々なアプローチが見られます。ただし、欧米のリーディング企業と比較すると、ビジネスモデルの抜本的な変革や、サーキュラーエコノミーを全社戦略の中心に据えるという観点では、未だ発展途上といえるでしょう。

リコー――1994年にモデルを制定した先駆者

そのなかでも、早くから資源循環ビジネスを体系的なアプローチで実践しているのが、リコーです。2022年には、日本企業で最初となる、サーキュラーエコノミーの戦略と活動状況をまとめた報告書「サーキュラーエコノミーレポート」を公表しています。そのなかで、製品の新規資源使用率を2050年までに12%以下にすること、(その中間目標として) 2030年までに60%以下にすることを示しています。

図 4-1　リコーのコメットサークル

循環型社会実現のためのコンセプト「コメットサークル™」

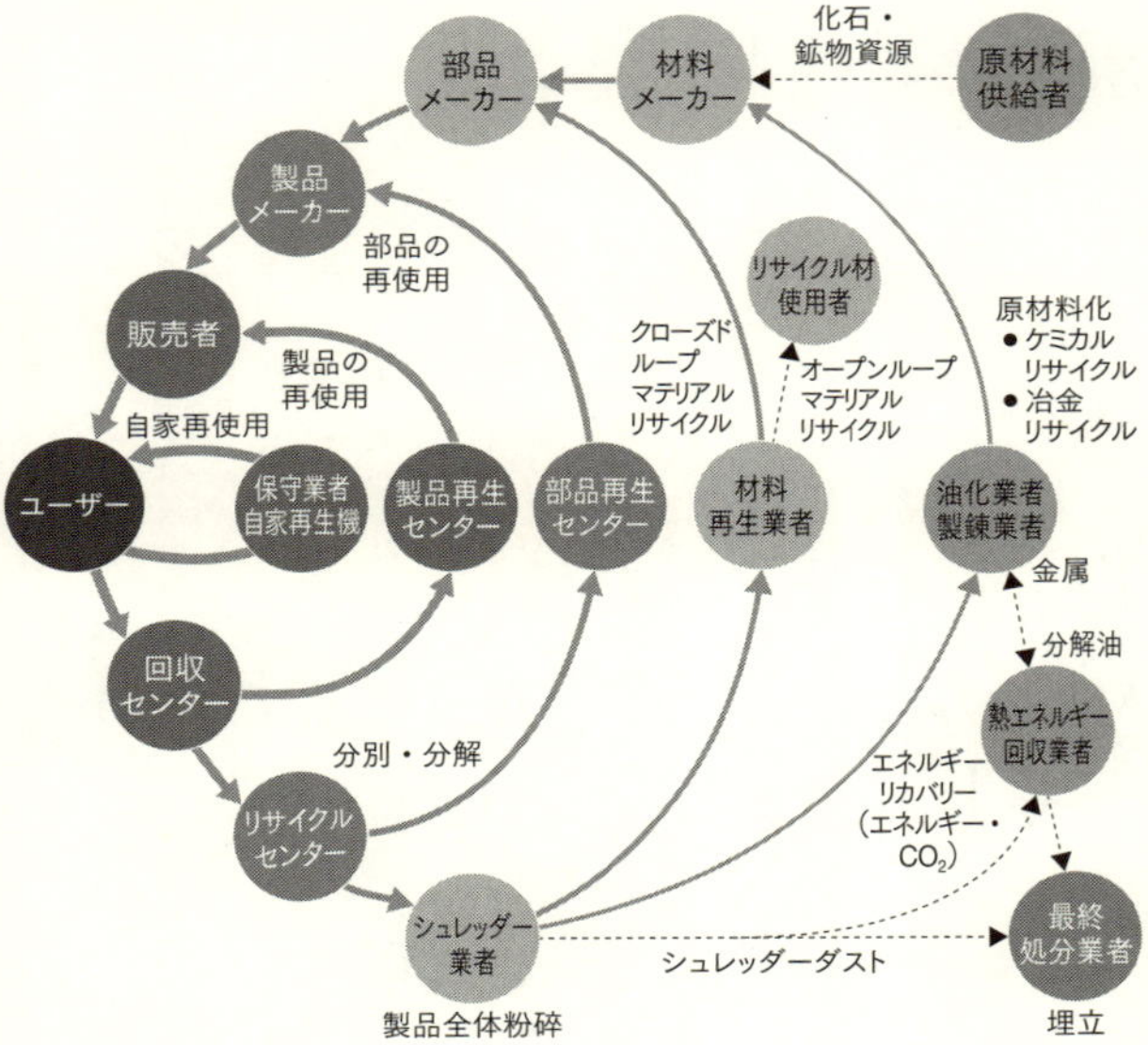

出典：「リコーグループサーキュラーエコノミーレポート 2022」https://jp.ricoh.com/-/Media/Ricoh/Sites/jp_ricoh/environment/practice/cycle/pdf/CEreport_JPN_2022_web.pdf

同社は、「コメットサークル」という概念図（図4－1）を、さかのぼること1994年に制定しています。これは、内側のループから外側のループにいくほど資源の経済価値が低減し、環境負荷が増大することを表すもので、エレン・マッカーサー財団のバタフライモデルを先取りする先進的な概念といえます。

　このモデルにもとづき、同社では、「（顧客による）製品の長期使用」「製品の再使用」「部品の再使用」

のループの順序で優先して実施し、再使用できないものは、「マテリアルリサイクル」「ケミカルリサイクル」の順に実施、リサイクルできないものを「エネルギーリカバリー」という形で焼却するというプロセスを採用しています。同社の2021年の実績では、（エネルギーリカバリーを含まない）使用済み製品の再使用・リサイクル率は84％以上に達しています。

こうした成果を支えているのが、製品の開発・基本設計におけるノウハウと技術です。再使用を想定した強度設計、解体・分別性の向上、包装材を減らすための強度設計、交換部品の長寿命化など、コメットサークルに沿った設計を推進しています。また、生産拠点で発生する廃棄物のゼロ化も進めており、製品のバリューチェーン全体での資源消費削減、エネルギー使用削減、廃棄物削減を実現しています。

ユニクロ――アパレルの変革を牽引

ファーストリテイリンググループのユニクロは、日本のアパレル業界においてサーキュラーエコノミーを先導する企業です。早くから、耐久性に優れた長寿命の製品づくりや循環型素材の採用、リサイクルの推進など、製品のライフサイクル全体を通じた環境負荷削減の活動を展開してきましたが、2019年に「RE.UNIQLO」というプログラムを立ち上げ、リペアサービスも含む包括的な循環型モデルの構築に着手しました。

同プログラムは、服の廃棄を減らすREDUCE（リデュース）、着なくなった服に新たな役割を与えるREUSE（リユース）、服の原料や資材として再利用するRECYCLE（リサイクル）を3本柱としています。

RECYCLEについては、各店舗に設置されたRE.UNIQLO回収ボックスで、消費者から使用済みの服を回収し、そのままリユースできるものと、リサイクルするものに仕分けします。リサイクルするもののうち、ダウンやフェザーなどは新しい服の原料として生かし（服から服への水平リサイクル）、服へリサイクルできないものは、断熱材や防音材などの素材として活用する（ダウンサイクル）という仕組みです。

また、原材料使用にあたっても、サプライチェーン企業とのパートナーシップのもとで、リサイクル素材の技術開発を積極的に進めています。たとえば、同社の「ドライ－EX」ポロシャツには、東レとのパートナーシップで開発した、使用済みペットボトルを再生したポリエステル繊維が使用されています。

同社がREDUCEの取り組みの中核に置いているのが、リペアとリメイクの推進による廃棄の削減です。「RE.UNIQLO スタジオ」を展開し、顧客が持ち込んだ衣服のほつれ直しやボタン付けなどの修理に加え、刺繍やワッペン付けといったカスタマイズサービスを提供しています。またスタジオでは、古着を使った再利用の方法を学ぶワークショップも開催しています。2021年にドイツのタウエンツィーン店で始まったこの取り組みは、その後、ニューヨークやシンガポール、ロンドンへと広がり、日本国内でも2024年12月時点で14カ所のスタジオがあります。

REUSEの例としては、回収した古着のアップサイクルの促進や、国連難民高等弁務官事務所（UNHCR）とのグローバルパートナーシップを通じた難民キャンプへの寄贈があります。同社によれば、2023年8月までに、80の国や地域に5463万点に上る衣料支援の実績が報告されています。

ユニクロは、グローバル規模でアパレル・ファッション分野に大きな影響力を有する企業であり、消費者を巻き込んだサーキュラーエコノミーの取り組みに期待がかかります。

花王――業界全体のサーキュラー化を先導

プラスチック汚染が人類規模の課題となるなか、多くの消費財メーカーがプラスチック削減を中核に置いてサーキュラーエコノミーの取り組みを進めていますが、なかでも先進的な企業の一つにあげられるのが花王です。製品設計から廃棄までの全ライフサイクルを考慮した包括的なアプローチや、ごみゼロという明確な目標設定、他企業や自治体との積極的なパートナーシップが特徴的です。

同社は、2018年に「私たちのプラスチック包装容器宣言」を出し、製品に使用するプラスチックの量を最小限に抑えると同時に、リサイクル推進の取り組みに着手しました。2019年4月には、ESG戦略である「Kirei Lifestyle Plan（キレイライフスタイルプラン）」を策定し、重点テーマの一つに「ごみゼロ」を掲げ、現在、2040年までの「ごみゼロ」、2050年までの「ごみネガティブ」を目指して活動を展開中です。

そのアプローチの一つが、詰め替え容器のイノベーションです。洗濯洗剤や食器用洗剤のPET容器への再生プラスチックの使用を積極的に進め、2025年までに使用率100％を目指しています。同社によると、2022年の使用率は、前年の19％から69％に大きく上昇しました。

また、自治体や同業他社、静脈企業などの多様なステークホルダーとの連携にも主体的に関わっています。競合企業であるライオンとも共同し、使用済みプラスチック包装容器の回収スキームの確立やリサイクル技術の開発に取り組み、業界全体のサーキュラー化を先導する役割を果たしています。

第5章

サーキュラーエコノミーへの移行を可能にするイネーブラー

前章では、サーキュラーエコノミーの原則を実践し、経営の変革を進めている先駆的企業について概観してきました。この章では、これら企業や産業が循環型モデルへと移行する取り組みを支援し、サーキュラーエコノミーのエコシステム全体の変革を「実現可能（＝Enable）にする」、いわゆるイネーブラー（Enabler）の役割について考えます。

ここでは、イネーブラーとして、循環型サプライチェーンを支える静脈プレーヤー、ステークホルダーをつなぐデジタル技術、そして産業構造の変革を促す金融、の3つを取り上げます。

1　循環型サプライチェーンを担う静脈プレーヤー

従来のリニアエコノミーのもとでは、製品のライフサイクルはその名のとおり直線的で、設計から製造、消費、廃棄までのプロセスは一方向に進み、最終的に埋め立てもしくは焼却処分という形で幕を閉じます。日本では、設計・生産から販売までを担う企業を「動脈」、廃棄後の処理を担う企業を「静脈」と、慣習的にそれぞれ表現してきましたが、動脈と静脈の間は分断されており、縁の下の力持ちである静脈産業への注目は決して高くありませんでした。

サーキュラーエコノミーでは、この構造が大きく変化します。設計、生産、販売、消費、回収、そして（再）生産・利用へと、ループを閉じて資源を循環させるためには、製品を生産して販売を手掛ける動脈産業側の変革だけでは足らず、人々がモノを消費した後の廃棄物を処理し、廃棄物を新たな資源へと生まれ変わらせる静脈産業側の役割と進化が必要となるのです。そこでは、動脈と静脈の垣根を越えて、循環型サプライチェーンを円滑に動かす仕組みや能力を提供するプレーヤーが、イネーブラーの役割を果たすことが期待されるのです。

静脈産業は、一般人にとっては、少し馴染みの薄い業界でしょう。廃棄物の収集・処理が地域に密着したビジネスであることから、一般的に細分化された業界構造を持ちます。企業規模も、小規模な地域事業者からグローバル展開する大企業まで様々です。機能と役割も多様で、廃棄物の収集・処理・リサイクルなどの運営サービスの提供から、リサイクル施設・廃棄物処理プラント・分別設備などのインフラ資産の提供、再利用・再資源化を可能にするリサイクル技術や資源回収技術の提供まで、多岐にわたります。

ここでは、循環型サプライチェーンを支える役割を担う、先進的な事例を紹介します。

消費者からの回収・リサイクルを仕組み化する

循環型サプライチェーンを円滑に回すために重要となるのが、消費者から使用済み製品を直接回収しリサイクルする仕組みの構築です。

製品が消費者によって使用され廃棄される際、他の廃棄物といったん混ざってしまうと、新たな資源として再生するには複雑で多段階のプロセスが必要となります。このプロセスには、多くのエネルギー消費とコストが必要となるうえ、リサイクルが困難なごみは、最終的に残渣として焼却・埋め立て処分に回ってしまいます。したがって効率的・効果的な循環の観点からは、消費者が使用を終えるタイミングが重要な介入のウィンドウとなるのです。

こうした観点から、消費者からの使用済み製品の回収とリサイクルの仕組みづくりに挑戦している企業の一つが、2001年設立の米国リサイクル会社テラサイクルです。

同社は、ハンガリー出身カナダ育ちのトム・ザッキーが、プリンストン大学在籍中に立ち上げました。「捨てるという概念を捨てよう」というミッションのもと、大手企業とのパートナーシップを構築し、たばこの吸い殻や紙おむつ、歯ブラシ、歯磨き粉チューブ、使用済みペン、カプセルコーヒー、コンタクトレンズ、菓子袋など、従来リサイクルが難しいと思われていたごみを資源として回収し、再資源として活用することで知られています。

テラサイクルの手法は、消費財企業と連携して、製品ごとのリサイクル回収プログラムを立ち上げ、消費者にリサイクルの価値を効果的にプロモーションしながら、効率的に回収を進めるというものです。自分たちでは処理施設は保有せず、その都度最適な処理企業と協働して、世界20カ国以上で、リサイクルを行っています。

同社が、「使い捨て容器自体を無くすにはどうしたらよいか」という問題意識のもと2019年に立ち上げたのが、循環型ショッピングプラットフォームLoopです。これは、かつての牛乳配達を彷彿させる宅配サービスで、食品や化粧品、飲料などの消費財ブランドなどと協働し、デザイン性と耐久性に優れた容器を開発します。消費者は、Loopのアプリを通じて、商品を再利用可能な容器で購入します。使い終わった容器を返却すると、容器代がアプリを通じて返金されます。容器洗浄はLoop側が回収後に行い、消費者が希望すれば再び中身が充填された商品を届ける仕組みとなっており、使い捨て容器の削減を実現しています。

もう一つの興味深い事例が、ノルウェーのトムラ社（TOMRA Systems ASA）です。同社は、廃棄される飲料容器から資源を回収するための自動回収機器（リバース・ベンディング・マシン）を開発・製造・販売しています。回収機は、主に小売店や公共スペースに設置され、内部のセンサーによってペットボトルやプラスチック容器、缶などを自動的に判別し、分別作業の手間を省略することが可能となっています。また、回収機には、コンパクション（体積圧縮機能）が搭載されており、回収したペットボトルは元の体積の3分の1以下に、アルミ缶は10分の1にまで圧縮され、効率的な輸送と環境負荷の低減に寄与します。

トムラはこの自動回収機を全世界で8万台以上導入しており、日本でも住友商事との合弁のトムラ・ジャパンが関東圏を中心に約1700台を展開しています。その多くはスーパーの店頭に設置され、多いもので1日2500本以上のペットボトル容器を回収しているとのことです。

回収機はリサイクルポイントやクーポンなどの特典を発行する機能も備えており、消費者が楽しくリサイクルに参加することを可能にしています。回収されたペットボトルからは、bottlium®（ボトリウム）と名づけられた「高品質オーガニックペレット」が作られ、様々なアパレル製品に再利用されています。

こうした取り組みを通じて、トムラは、飲料メーカーや小売業者・リサイクル業者との協力関係を構築し、よりリサイクルしやすい容器設計の開発や効率的な回収プログラムの構築、消費者行動に関するデータの提供などを進め、サーキュラーエコノミーへの移行促進に貢献しています。

テラサイクル、トムラともに、動脈企業と連携しながら循環型サプライチェーンを支える大変興味深い事例といえるでしょう。

技術ソリューションで資源を再生する

消費者からの回収にあたっての仕組みづくりだけでなく、回収した廃棄物のなかから有用な原材料を抽出し、新たな製品の材料へと再生する技術と運営ノウハウも、循環型サプライチェーンの運営には重要です。第3章で紹介したウェイスト・マネジメントやヴェオリア・エンバイロメントのような静脈企業に加え、ここでは、動脈企業が自社の技術力を活用して、一定領域の廃棄物の処理・再生において、独自のソリューションを提供する事例を紹介します。

その一つが、ベルギー・ブリュッセルに本拠を置く、多国籍企業のユミコア（Umicore）です。貴金属やレアメタルの材料技術とリサイクル技術を高度に統合し、サーキュラーエコノミーに貢献する先進的企業です。

ユミコアの起源は、1805年にナポレオン・ボナパルトによって、モレネ（現在のベルギーとドイツの国境地域）にあった亜鉛鉱山の操業権が与えられたことにさかのぼります。もう一つの源流は、1906年に設立されコンゴで銅などの非鉄金属を生産していたユニオン・ミニエール・デュ・オー・カタンガ（UMHK）社です。

こうした出自を持つ同社は、貴金属・レアメタルなど非鉄金属の精錬・加工・リサイクル事業において、材料科学、化学、冶金の分野で幅広い専門知識とノウハウを駆使し、世界的なリーダーシップを発揮しています。

「より良い暮らしのための素材」というミッションを掲げ、自動車用触媒やバッテリー材料、高性能材料などの製造のほか、都市鉱山からの金・銀・プラチナなどの金属やレアメタルの回収、電子機器廃棄物や使用済み触媒のリサイクルを手掛けており、自動車産業や電子機器産業をはじめとする多くの産業分野のサーキュラー化を支援しています。

日本でもJX金属が、動脈ビジネスで培ったノウハウを基盤にして、使用済み電子機器や産業廃棄物からの貴金属・希少金属の回収や、高度なリサイクル技術を用いた銅・貴金属・レアメタルなどの抽出を行い、他企業や産業が循環型のビジネスモデルに移行する支援に乗り出しています。

この分野ではその他にも、最新技術を梃子に、多くのスタートアップ企業が活躍しています。その一例が、2010年にハイポリマー技術者、土木・環境エンジニア、環境微生物学者の3人によってシリコンバレーに設立されたマンゴマテリアルズ社（Mango Materials）です。

同社は、バクテリアを使って、メタンガスを「えさ」にバイオプラスチックのPHA（ポリヒドロキシアルカノエート）を作り出します。このPHAを成形しやすいペレットに加工し、洋服や絨毯などの材料として供給しています。PHAは生分解性ポリマーであるため、海洋を含む自然環境下でも分解可能で、マイクロプラスチック問題を誘発するリスクも低減します。

現在同社は、シリコンバレー周辺のごみ処理場や下水処理場で生まれたメタンガスを活用してPHAペレットを製造しており、マイクロプラスチックとメタンガスの双方を削減する取り組みとして期待されています。

2　ステークホルダーをつなぐデジタル技術

2つ目のイネーブラーは、デジタル技術です。サーキュラーエコノミーの実現とデジタル技術の応用は不可分であり、これまで廃棄物や無駄とされていたものを新たな資源と富に変えるためには、デジタルをはじめとする革新的技術が必要となります。この点が、従来の3Rアプローチと大きく異なる点でもあります。

デジタル技術の重要性を強く認識しているEUでは、サーキュラーエコノミー政策にデジタル戦略を明確に盛り込み、統合的に推進を図っています。

デジタル技術が果たす役割

では、デジタル技術は、どのような形でサーキュラーエコノミーの実現に寄与するのでしょうか。

言うまでもなく、製品が設計されてから再生されるまでのプロセスのすべての段階において、デジタル技術は必要です。たとえば、サーキュラーエコノミー原則である設計段階での廃棄・汚染の排除を実現するには、再利用・リサイクル可能な材料選択や設計パターンを特定するための3Dモデリング・ソフトウェア技術、耐久性や修理容易性の設計への組み込みや製造プロセス最適化のためのデジタルツイン技術、迅速なプロトタイピングを可能とする3Dプリンティング技術など、多様なツールが有効です。

また、サーキュラーエコノミーのビジネスモデルである製品のサービス化（PaaS）においても、ユーザーの製品使用状況をIoT技術や遠隔モニタリング技術を使って把握し、製品のメンテナンスをタイムリーに実施することで、ユーザーに便益を提供することが可能になります。

製品やサービスのシェアリングにおいても、効果的な運用のためには、製品を必要としなくなった人と新たに製品を必要とする人をつなぐ、マッチングのためのデジタルプラットフォームが不可欠です。さらには、消費者の意識改革や行動変容のためには、スマートフォンアプリやゲーミフィケーション、バーチャルリアリティ（VR）などのツールを駆使して、情報発信や啓発を強化することが有効です。

なかでもとりわけ重要となるのが、デジタル技術を駆使した、設計・生産・販売（流通）、消費、回収、再生・再利用という製品のライフサイクル全体の追跡管理（トレーサビリティの確保）です。素材や資源をクローズド・ループのなかで循環させるためには、製品がどのような原材料とプロセスによって製造され、どのように使用され、どのように廃棄・分別・リサイクルされるのか、その流れを追跡・記録し、必要な一連の情報を、一気通貫で、関与するプレーヤー間で共有することが求められるのです。

たとえば、リサイクル事業者が適切に資源の回収と処理を行うためには、製品の材料構成や解体方法の情報が必要です。リサイクル材を二次資源として製造に投入するメーカーは、リサイクル材の材料情報が必要となります。また、製品の販売にあたってメーカーは、修理可能性やリサイクル方法を含めた製品情報を消費者に対して提供することが求められます。さらに、トレーサビリティに関するデータの信憑性を担保するためには、規制当局や認証機関等の第三者と情報共有することも必要となるでしょう。まさに、前節で述べた動脈と静脈を情報管理で結合する挑戦です。

トレーサビリティの管理のためには、履歴の改ざんを防ぐブロックチェーン技術、情報セキュリティ確保のためのデータ暗号化技術、リアルタイムデータ収集のためのIoT技術、大量のデータを管理し関係者間で共有するためのクラウドコンピューティング、予測分析や最適化のためのAI技術、消費者のモバイルデバイスからの情報アクセスを可能とするQRコードなどのユーザーインターフェイス技術が不可欠となります。

そのうえで、ライフサイクル全体の最適化も重要となります。製品やサービスの需要を正確に予測し、過剰生産や在庫の無駄を削減するためには、機械学習が有効であることは言うまでもありません。また、IoTとAIを組み合わせた予防的メンテナンスの実施により製品寿命を延長することも可能でしょう。さらに、廃棄物処理についても、GPS・位置情報技術の活用による最適な収集ルートの設計、IoTセンサーを使用したごみ箱の量・種類の把握、ビッグデータによる過去の収集データの分析と廃棄物発生パターンの予測などが強力なツールとなり得ます。

EUが求めるデジタル製品パスポート（DPP）

こうした問題意識のもと、EUは、思い切ったデジタル施策を導入しています。その中核となるのが「デジタル製品パスポート（Digital Product Passport：DPP）」です（図5－1）。

DPPは、EUが2024年7月に施行した「持続可能な製品のためのエコデザイン規則（Ecodesign for Sustainable Products Regulation：ESPR）」で導入が定められました。

この規則は、EU市場で流通する製品の持続可能性を向上させることを目的に、製品の耐久性、再利用性、アップグレード性、修理のしやすさなどの製品情報の共有を求めるもので、「製

図5-1　デジタル製品パスポート（DPP）

サプライチェーンの各事業者の情報登録により、サプライチェーンの他事業者・消費者が、**製品のライフサイクルにわたる環境影響度・循環度**その他の情報にアクセスできる仕組み

【予想されるDPP情報（一部）】
（詳細は各分野で決定）

- 製品の技術的性能
  （例：製品スペック、期待寿命、耐久性）
- 素材とその由来
  （例：素材の供給元・原産地、有害物質の含有情報、再生材比率）
- 修理に係る情報
  （例：修理履歴、修理可能性、修理方法、補修部品の情報）
- リサイクル可能性
  （例：再生可能な素材と構成比率、分解可能性）
- ライフサイクルを通じた環境負荷
  （例：カーボンフットプリント（CFP）

出典：「EU エコデザイン規則」をもとに筆者作成

品の持続可能性に関する情報」を電子的に記録したものが、デジタル製品パスポート（DPP）です。

DPPの情報は、製品・素材のライフサイクルに関与する各プレーヤーが登録します。他事業者や消費者は、製品に記録された情報を読み取ることで、「何からできているのか」「（材料は）どこからきたのか」「本物か」「どこで生産されたのか」「どのくらいの環境負荷があるのか」「これまでリペアされたのか」「リサイクルは可能なのか」といった様々な情報にアクセスすることができるようになります。海外渡航の際に私たちが所持する「個人のパスポート（旅券）」には、私たちの属性や渡航歴が記載されます

が、DPPはまさに「製品のパスポート」の役割を果たしているのです。

EUのESPR規則では、DPPを2026年以降段階的に導入することを求めています。DPPに含まれるべき情報は、対象となる製品に応じて異なりますが、共通となるのは、①製品の技術的性能、②素材とその由来、③修理に係る情報、④リサイクル可能性、⑤ライフサイクルを通じた環境負荷、とされています。

DPPは、これらの情報の共有を通じて、製品の持続可能性を向上させ、循環性を促進し、トレーサビリティを確保し、製品の環境負荷を可視化するとともに、法的コンプライアンスの遵守を強化します。まさに、DPPは、サーキュラーエコノミーを実現するうえでの切り札とも言えるでしょう。

DPPが最初に適用されるのは、バッテリー（蓄電池）分野です。前述したとおり、欧州産業にとってバッテリーは戦略的に重要な分野と位置づけられており、2023年8月に施行された「EUバッテリー規則」において、バッテリーパスポートの導入が定められています。

●自動車産業のデータスペース「Catena-X」

DPPがもたらす価値は、その仕組みの性格上、サプライチェーン全体での情報の記録と共有がなければ大きく毀損されてしまいます。その意味で、DPPの実装には、業界やサプライチェーン全体の協働が求められるのです。

ＤＰＰの要件を満たす情報共有インフラとして先行しているのが、ドイツの自動車業界が２０２1年に立ち上げた「Catena-X」です。ちなみに、Catenaとはラテン語で「鎖」を意味しています。ドイツでは、２０１6年ごろから、ＥＵと連携しながら、ドルトムント工科大学のボリス・オットー教授を中心に、「自律分散型の企業間データ連携の仕組み」ＧＡＩＡ－Ｘが構想されてきました。Catena-Xは、このＧＡＩＡ－Ｘの自動車産業への応用版です。

２０２4年6月の時点で、自動車メーカー、自動車部品メーカー、ＩＣＴ企業等、ドイツ国外企業を含めて計１８６組織がメンバーとして参加しています。ドイツ政府およびＥＵの支援を受けて、２０２3年10月に最初のシステムがリリースされています。

Catena-Xでは、自動車産業のバリューチェーン上の設計・原料調達・製造・販売・使用・回収などのデータが標準化され、参加企業間で共有されます。データを企業同士で安全に利用し合うために技術標準が定められ、公平かつオープンな市場でデータ交換が行えるよう、Catena-Xの標準規格に則ってつくられたアプリケーションがマーケットプレイスから入手できるようになっています。

このデータスペースの利用により、ＥＵバッテリー規則により求められるバッテリーのカーボンフットプリントやリサイクル原材料の使用比率などの情報が参加者間で共有可能となるのです。

こうしたドイツ自動車業界による先導的活動は、企業間協力の効率性を高め、中長期的に産業競争力を高めようとするドイツの野心的かつしたたかな国家戦略を反映したものであり、日本にとっても大変参考になるものです。

●建築分野のＤＰＰ「マテリアルパスポート」

バッテリーや自動車だけではなく、建築分野でもＤＰＰの構築が進んでいます。資源を大量に使用する建築は、環境への負荷が大きい業界です。ＥＵの「新サーキュラーエコノミー行動計画」によると、建築分野は採掘資源の約50％を使用し、その廃棄物はＥＵ全体の廃棄物の35％以上を占め、温室効果ガス排出量はＥＵ全体の排出量の5～12％に相当しており、サーキュラー化の必要性が高い業界となっているのです。

この重要分野でのＤＰＰ構築を先導するのが、２０１７年にオランダに設立されたMadaster社です。Madasterが提供するオンライン・プラットフォームは「マテリアル・パスポート」と呼ばれ、マテリアル（素材や原材料）一つひとつにＩＤ（パスポート）を付与することで、マテリアルの循環を管理します。

具体的には、まず、使用される資材の量や性質などの詳細を文書化し、「マダスター」というプラットフォームに登録・保存します。建築物が解体されれば、パスポートの情報を元に、資材を次の建築物に利用することが可能となります。

興味深いのは、登録された資材のデータや市場価格をもとに、建築物の金銭的価値が算出される仕組みが導入されている点です。これにより建築物は、資材を貯蔵する「貯蔵庫」であるだけでなく、価値ある資材を預かる「資源バンク（銀行）」としての役割を果たすことにもなるのです。

建築物は、解体時には解体費用が発生するのが一般的ですが、マテリアルパスポートがあれば、解体の際に所有者は資材価値を回収できることとなります。そのため、建築物の設計にあたっては、解体時の資材の価値が高くなるよう、建築物は分解し再利用されやすいように考慮されます。その結果、建築物の廃棄・再利用が一層促進されるのです。

2024年2月時点で、Madaster は欧州7カ国でサービスを提供しており、そのプラットフォームには2500万平方メートル以上の建物およびインフラ構造物の資材が登録されています。

マテリアルパスポートが利用された有名な事例に、エシカルバンクとして名高いオランダ・トリオドス銀行の新本社ビルがあります。そのすべての資材はマダスターに登録され、価値が常時モニターされています。さらに、資材が再利用できるよう、完全に分解可能なように設計されています。また、2030年までに100%循環型の公共調達を目指すアムステルダム市でも、消防署等の公共施設や市の開発案件において、マテリアル・パスポートを採用しています。

●日本が推進する「ウラノス・エコシステム」

世界で先駆的な取り組みが進行するなか、日本政府も、サーキュラーエコノミーの実装に必要な情報流通プラットフォームの構築に向けて動き出しています。

たとえば、内閣府の戦略的イノベーション創造プログラム（SIP）では、プラスチックを対象としたデジタル製品パスポート構築に向けた研究開発が進められています。また、経済産業省等が主導する、「ウラノス・エコシステム（Ouranos Ecosystem）」においては、バッテリー・自動車を先行事例に、業界を横断したサプライチェーンデータの連携基盤構築の取り組みが進行中です。

IT企業の役割と貢献

サーキュラーエコノミーの実現に欠かせないデジタル技術と、進行中の主要なイニシアティブについて見てきましたが、IT企業にとっては、サーキュラーエコノミーへの関与は、またとなるビジネス機会となり得ます。

たとえば、ドイツの大手ＩＴ企業のＳＡＰは、GreenToken by SAP と呼ぶシステムを化学業界のサーキュラーエコノミー実現に向け提案しています。

同システムは、ブロックチェーン技術を活用し、プラスチックの原材料から製品の製造・販売、使用、回収、再資源化までの過程を追跡するものです。原材料の属性やカーボンフットプリント等の情報もトークンに記録し、リサイクル原料が他の原材料と混合されて製品化された場合でも、リサイクル原料が含まれている割合を認証します。すでに、ＤＩＣ、ユニリーバ、ＢＡＳＦ、三菱ケミカル等との実証プロジェクトが進行中です。

また、この分野でもスタートアップの活躍が顕著です。たとえば、オランダのスタートアップCircularise 社は、サーキュラーエコノミーの実現に向けたブロックチェーンを使ったトレーサビリティ管理プラットフォームを提供しています。

サーキュラーエコノミーの本格的な社会実装には、製品のライフサイクルにわたる情報を多くのプレーヤー間で共有することが望まれますが、企業にはビジネスにおける優位性を保持すべく企業秘密を守る必要があり、すべての情報を公の場で開示することを躊躇します。同社は、この課題に対して、暗号学における「ゼロ知識証明（Zero-Knowledge Proof）」と呼ばれる技術を組み合わせ、透明性と匿名性を同時に成立させるアプローチにより解決策を提示しています。

3　産業の変革を促す金融の役割

産業構造の変革を導く

3つ目のイネーブラーは金融です。経済の血液の機能を担う金融は、リニア型の経済システムからサーキュラー型の経済システムへの移行を導くことのできる強力なイネーブラーであり、重要な役割を担うことが期待されます。

たとえば、新たな循環型ビジネスモデルのリスクを的確に評価し、積極的に投融資や保険等の金融サービスを提供することで、企業のサーキュラー経営への変革を後押しすることができます。また、スタートアップや新技術へのリスクマネーの提供は、イノベーションの促進を支援します。サーキュラーエコノミー関連の新しい金融商品の開発は、新たな投資家の関心を喚起し、市場の拡大に寄与します。

何よりも重要なのが、バリューチェーン全体の変革を牽引し、産業の構造的変革とシステム変化を誘発する役割です。サーキュラーエコノミーは一社では完結できず、設計・製造・販売・回収・再資源化までのバリューチェーン全体の変革が不可欠であることは再三説明したとおりですし、政策立案に携わる国や自治体等のプレーヤー、市民セクターの参画も必須となります。バリューチェーンにまたがる幅広い顧客ネットワークを有し、経済に幅広い影響力を持つ金融機関であればこそ、こうした多様なプレーヤーを巻き込み、エンゲージメントの強化や働きかけを通じて、システム全体の移行を後押しすることができるはずです。

実際、欧米を中心に、金融機関の動きは徐々に活発化しており、サーキュラーエコノミー関連の金融商品の発行も増加しています。たとえば、サーキュラーエコノミーに焦点を当てた公開株式ファンドの運用資産は、２０１9年12月の3億ドルから２０２1年上半期末には80億ドル以上に急増し、また、関連の社債およびソブリン債の発行は5倍以上に増えたと報告されています。日本の金融機関の取り組みはまだ初期段階にありますが、今後、日本政府の政策推進に伴い、活動の拡大が期待されます。

先行する金融プレーヤー

金融のイネーブラーとして先行するのは、ここでも欧州の金融機関です。ＥＵの政策の進展に伴い、この分野でのプレゼンスを拡大しています。また、世界最大の資産運用会社ブラックロックの動きも市場に大きなインパクトを与えています。

●ＩＮＧ（オランダ）――世界初のサステナビリティ・リンク・ローンを開発

サーキュラーエコノミーファイナンスの先駆者として知られているのが、オランダ・アムステルダムに本拠を置く総合金融機関のＩＮＧです。同社が２０１５年に発表した"Rethinking finance in a circular economy（サーキュラーエコノミーにおける金融を再考する）"と題するレポートは、サーキュラーエコノミーへの移行が金融セクターにもたらす影響について問題提起を行い、金融業界に一石を投じました。

次いで２０１７年、ＩＮＧは世界初のサステナビリティ・リンク・ローンを開発し、10億ユーロという大規模な融資ファシリティをフィリップスに提供し、同社のサーキュラー経営への移行を全面的に金融サイドから支援しています。

サステナビリティ・リンク・ローンとは、借り手のサステナビリティ業績に連動して金利が変動する金融商品で、目標を達成すれば借り手は資金調達コストを削減できる一方、目標未達の場合はコスト増加のリスクを負う仕組みです。

目標達成度のパフォーマンス評価には、格付け会社によるサステナビリティ（ＥＳＧ）評価スコアが使われています。金利という経済的インセンティブの活用を通じて企業の経営変革を後押しすることができ、金融機関が持続可能な社会の実現に向けて積極的な役割を果たすうえでの重要なツールの一つと位置づけられます。現在では、ローンに加えてボンド（債券）の商品も開発されており、多くの事業会社が取り入れる一般的な金融商品に成長しています。

●インテーザ・サンパオロ（イタリア）——経済構造を色濃く反映

トリノに本拠を構え、イタリアで最大の資産規模を有するインテーザ・サンパオロも、サーキュラーエコノミーを優先的戦略事項と定め、金融商品や融資方針を革新するとともに、顧客のサーキュラーエコノミーへの移行をサポートしています。

2018年には、サーキュラーエコノミーに特化した50億ユーロに上る大規模な信用枠を設定し、関連ビジネスを手掛ける企業に対して積極的に資金を提供しています。また、アクセラレータープログラムを運営し、スタートアップに対する資金提供、メンタリング、ネットワーキングの機会も提供しています。

同社は、同じく2018年に、「サーキュラーエコノミーラボ」を主導して設立し、イタリア全体のサーキュラーエコノミーを促進すべく、スタートアップに加えて中小企業の支援を行っています。サーキュラーエコノミーは大手企業の努力だけでは実現できず、中小企業も含めたサプライチェーン全体での取り組みが不可欠です。イタリア経済においては、中小企業の占める割合が欧州でも一番高く、インテーザ・サンパオロの取り組みは、同国の経済構造を色濃く反映したものとなっています。

●ブラックロック——エレン・マッカーサー財団とパートナーシップ契約

ブラックロック（BlackRock）は、2023年3月末時点で9兆ドルの運用資産を有する世界最大の資産運用会社です。多くの大企業の株式の所有を通じて、金融市場や企業経営の方向性にも大きな影響を及ぼしています。同社は、2019年10月に、エレン・マッカーサー財団とパートナーシップ契約を結び、サーキュラーエコノミー分野を重点領域と位置づけ、大型ファンドを立ち上げました。初年度に約10億ドルを調達し、市場に大きなインパクトをもたらした同社のCEファンドは、2021年7月には運用資産規模が20億ドルを超えています。

ブラックロックは投資ポートフォリオの組成にあたって、サーキュラーエコノミーへの移行を進めている企業（Adopters）や、移行を可能にするソリューションを有する企業（Enablers）、サーキュラーエコノミー移行の恩恵を受ける企業（Beneficiaries）を投資先として選定しています。同社の取り組みは、サーキュラーエコノミーへの投資がレジリエンスや持続可能性に富んだ社会に貢献するだけでなく、投資家にとっても優れたリターンを生み出しうることを市場に示したものといえるでしょう。

求められる主体的な挑戦

欧州を中心に世界の金融機関は、サーキュラーエコノミー推進の取り組みを強化していますが、経済システムの変革という大きな役割を果たすには未だ長い道のりがあります。サーキュラーエコノミーについての国際的な定義も現段階では定まっておらず、サーキュラリティの指標やリスクの評価手法も開発途上にあるため、顧客のビジネスモデルの評価とそれにもとづく投融資判断は容易ではないのが現状です。

また、リニアエコノミーを支えてきた企業群への投融資によって収益基盤をつくりあげてきた金融機関にとって、サーキュラーエコノミーへのシフトは、従来の顧客を一部失うことになるなど、経営のなかでの軋轢を生む可能性もあるでしょう。

しかし、エレン・マッカーサー財団とイタリア・ミラノのボッコーニ大学、イタリアの銀行インテーザ・サンパオロが、2021年に共同で調査発表した論文"The circular economy as a de-risking strategy and driver of superior risk-adjusted returns"では、サーキュラーエコノミーが金融機関のリスク回避と収益性向上に貢献し得ることが報告されています。

この調査では、欧州の14業界222社の分析のもとに、企業の循環性が高いほど、債務不履行のリスクが低くなること、そして、サーキュラーエコノミー企業への投資は、株式投資のリスク調整後収益率が高くなることが明らかになりました。

これらのプラスは、サーキュラーエコノミーに注力する企業がビジネスモデルのイノベーションや多角化に焦点を当てて戦略を追求すること、資源制約からのデカップリングを実現すること、新たな規制や変化する顧客の嗜好を適切に予測し経営を行うこと、から生まれるとされています。

企業経営や産業構造の転換を金融を通じて支援・促進することは、金融機関の存在意義に関わり得る使命です。事業会社のサーキュラーエコノミーへの挑戦を支援することで新たな収益基盤を築きあげるためにも、リニア型の事業活動への投資継続によって発生しうる座礁資産の回避のためにも、金融機関には主体性の発揮が期待されます。そしてそのためには、金融機関自身も、サーキュラーエコノミーへの理解を深めることが必要となります。

サーキュラーエコノミーへの移行が、地球環境問題や資源問題への解を提示し、経済成長や人々のウェルビーイングにも資する、人類の持続可能な未来に向けた必須の挑戦であることを認識し、自らのビジネスとスタンスの変革を進めることが求められています。

第6章

都市のあり方を変える

世界では都市化が急速に進展し、2050年までに世界人口の3分の2は都市部に住むといわれています。

都市部は、地球の陸地面積のわずか2%を占めるにすぎないにもかかわらず、天然資源の75%以上を消費し、固形廃棄物の50%以上および温室効果ガスの最大60%を排出し、汚染や気候変動、生物多様性の喪失といった深刻な課題を引き起こしています。一方、都市部は、企業、人材、資本、情報などのリソースが集中する場所であり、イノベーションを生み出し課題を解決する大きなポテンシャルを秘めています。

その意味で、都市こそが、サーキュラーエコノミーへの移行をリードする責任を有するとともに、変革を起こす原動力といえるでしょう。

この章では、世界で最も先駆的なサーキュラーシティとされるオランダの首都アムステルダム市を紹介します。そのうえで、同市ならびに他の都市の事例も踏まえながら、サーキュラーシティづくりの要諦を考察します。また、従来の3Rの取り組みを進化させサーキュラーシティの構築を進める日本の自治体の事例も紹介しながら、日本における今後の展望を探ってゆきます。

1　世界を牽引するアムステルダム市

「2050年完全サーキュラーシティ」宣言

アムステルダム市は、先進的なサーキュラーシティとして世界的に認知されています。その原点にあるのが、「2050年までに完全なサーキュラーシティを目指す」という野心的なビジョンです。2020年にこの長期ビジョンを宣言すると同時に、「アムステルダム・サーキュラー2020－2025」と題する中期戦略を発表し、市がサーキュラーエコノミーを進める意義、2050年までの道筋、重点的に取り組む分野、具体的アプローチを公表しています。そのうえで、市民や企業、NGO、研究機関などの幅広いステークホルダーと緊密に連携しながら、実現への歩みを進めています。

2050年の完全サーキュラーシティに向けたマイルストーンとしては、図6－1のとおり、①2022年までに市の調達の10％を循環型にすること、②2023年までに市の建築に関わる入札案件を循環型にすること、③2025年までに市の調達の50％を循環型にすること、④2030年までに一次資源の使用を50％以下とすること、の4つが提示されています。

単に2050年の「理想」を掲げるだけでなく、具体的な数値目標と達成時期が示されてお

図6-1　アムステルダム市の2050年サーキュラーシティに向けたマイルストーン

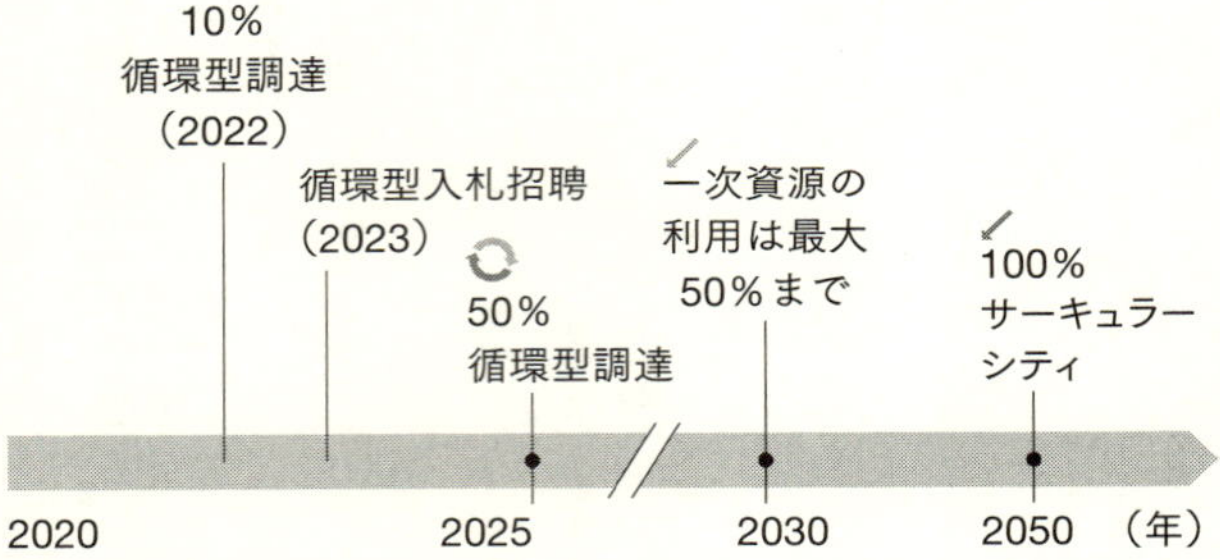

出典：「アムステルダム・サーキュラー2020-2025」アムステルダム市ホームページ：https://www.amsterdam.nl/en/policy/sustainability/circular-economy/

り、さらには、市が直接的にコントロールできる公共調達という手法を用いて段階的に企業のサーキュラー化を促している点が、注目に値します。

同市は、重点的に取り組む分野として、「食品と有機性廃棄物」「消費財」「建設」の3つを選定し、優先的に施策を展開しています。たとえば、食品分野では、地産地消や都市型農業の促進、動物性たんぱく質から植物性たんぱく質への移行、食品ロス半減などの施策が推進されています。消費財分野では、主に衣類や家具、電子・電化製品などを対象にしたリペアやシェアリングの促進、リサイクルの拡大などが進められています。建設の分野では、都市開発や公共施設に対するサーキュラー設計基準の適用や、リサイクル・バイオ原材料の活用などが進んでいます。

同市の中期戦略プランにおいては、重点分野のみならず、循環アプローチの優先順位が示されていること

図6-2　循環のはしご（R-Ladder）

- **①Refuse（拒否）**：環境負荷の高い原材料の使用を拒否する
- **②Rethink（再考）**：環境負荷の高い設計・製造方法を見直す
- **③Reduce（削減）**：環境負荷の高い原材料の使用を減らす
- **④Reuse（再利用）**：製品を同じ目的で再使用すること
- **⑤Repair（修理）**：修理やメンテナンスで製品の寿命を延ばす
- **⑥Refurbish（改修）**：使用済み・欠陥製品を修復し、使用可能な状態にする
- **⑦Remanufacture（再製造）**：廃棄製品の部品を同じ機能の新製品に使用する
- **⑧Repurpose（別用途の再利用）**：廃棄製品やその部品を異なる機能の新製品に使用する
- **⑨Recycle（リサイクル）**：材料に戻して新たな資源として再生する
- **⑩Recover（エネルギー回収）**：廃棄物を焼却し、エネルギーを回収する

出典：「アムステルダム・サーキュラー2020-2025」アムステルダム市ホームページ：https://www.amsterdam.nl/en/policy/sustainability/circular-economy/

も特筆すべき点です。「Rのはしご（R-Ladder）」あるいは、R戦略と呼ばれるもので、10通りのRアプローチをはしご状に位置づけ、上位にあるほど環境への影響が小さく資源効率が高いことを示唆し、推奨されるアプローチであることを示すフレームワークとなっています（図6－2）。

「はしご」フレームワークは、多様な循環型のアプローチが乱立するなかで、どれを優先すべきかについての原則を示すことで、事業者のビジ

ネス変革と市民の行動を適切に誘導し、完全サーキュラーへの道のりを確かなものにしようとするものです。一番上段に「Refuse（拒否）」が置かれているのが、過去からの決別を明確にしており、印象的です。

なお、一番下にある10番目のRecoveryアプローチは、日本では「サーマルリサイクル」と呼び、リサイクルの一種として扱われています。しかし、サーキュラーエコノミーの原則に照らせば、このアプローチでは、資源は循環せず焼却によって消滅してしまいます。エネルギーのみを回収するアプローチであることから、リサイクルではなく「リカバリー」として、Rのはしごの最下位に位置づけられていることに、日本との大きな意識の違いが見て取れます。

ドーナツ経済学の採用

アムステルダム市のサーキュラーエコノミー政策の最大の特徴は、「ドーナツ経済学」の理論を基盤にし、社会的公正と環境的持続性の両立に重点が置かれている点です。ドーナツ経済学とは、英オックスフォード大学の環境経済学者ケイト・ラワースによって提示された概念です（図6－3）。

図6－3のドーナツの外周は、第1章で説明したプラネタリーバウンダリーとほぼ同じもので、気候変動や生物多様性の損失、土地利用の変化など、人類が安全に活動するうえで重要と

図6-3　ケイト・ラワース氏の提唱するドーナツ経済モデル

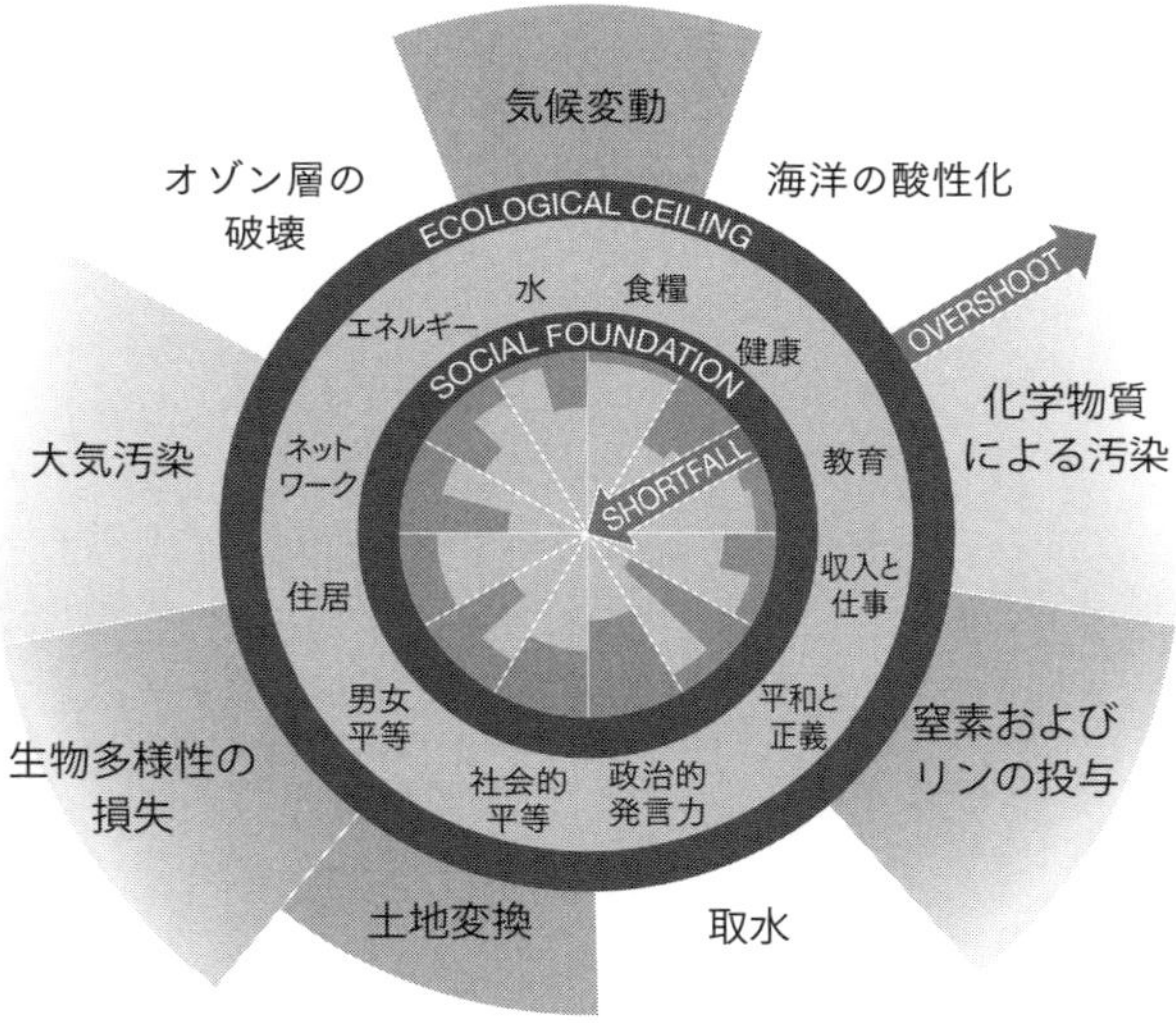

出典：幸せ経済社会研究所ホームページ https://www.ishes.org/keywords/2019/kwd_id002698.html

なる地球システムの生態学的な限界値（Ecological Ceiling）を示しています。

これに対して、ドーナツの内周は、人々が暮らすために必要となる社会的基盤（Social Foundation）を示しており、食料、水、健康、教育、住居、エネルギーといった基本的インフラニーズに加え、社会の公正性やダイバーシティ、政治参画も含まれています。この境界の内側（ドーナツの穴の部分）に落ちてしまう状態は、社会的正義や包摂性が欠如している状態を意味します。

私たち人類の活動を、ドーナツ

の中身部分（地球環境の限界である外周と人々の基本的ニーズを満たす内周に挟まれた部分）に維持することで、持続可能な経済発展と社会的公正を両立させることが目標として呈示されています。これまでの経済成長モデルとは異なる、まったく新しい経済学の考え方を提案するものとして、世界的な注目を浴びています。

アムステルダム市は、このドーナツ経済学の考え方を世界で初めて都市レベルで採用しています。そのうえで、同市の特性に合わせて「シティドーナツ」としてローカライズし、サーキュラーエコノミーの全体戦略に組み込むだけでなく、具体的な政策決定や施策にも反映させています。

ドーナツ経済モデルを都市政策に統合することで、経済成長と環境保護、社会的公正のバランスをとり、包括的で持続可能な都市開発を実現しようとしているのです。このように社会的公正が重視されている点が、同市の取り組みを優れたものとしている理由の一つです。

イノベーションとスタートアップの創出

アムステルダムの取り組みのもう一つの優れた特徴は、地域でのイノベーションとスタートアップの創出です。市は、重層的かつ多角的なアプローチを通じてイノベーションの促進を後押しし、サーキュラーエコノミーのエコシステム形成を図っています。

具体的には、革新的なプロジェクトを発掘してメンタリング・資金・ネットワーキングの支援を行う「Circular Innovation Program」、循環型ビジネスモデルの開発支援を行う「Circular Economy Challenge」、社会的企業やインパクト志向のスタートアップの成長を支援する「Amsterdam Impact」、サーキュラーエコノミーに特化したコワーキングスペース「Circular Workhub」など、多様なプログラムが展開されています。これらの施策が相互に連携しながら包括的な支援システムとして機能しています。

また、アムステルダム市北部に位置するデ・クーベル（De Ceuvel）は、サーキュラーエコノミーの理念を実践する先進的な実験場として、国内外から高い関心を集めています。かつて油や重金属で汚染された造船所跡地だったこの地区は、市の公募を経て建築家グループの提案により、革新的な循環型ソリューションのリビング・ラボラトリーとなっています。

毒素を吸収する特定の植物を使った汚染土壌の浄化回復や、魚の養殖と植物の水耕栽培を組み合わせた循環型のアクアポニックス手法などがその一例です。また地区では、廃棄されたハウスボートをアップサイクルしたオフィスが立ち並び、サーキュラーエコノミーの専門家やアーティストが集まっています。アクアポニックス手法で栽培された野菜を提供するレストランもあり、クリエーティブな雰囲気を醸し出しています。

図6-4　アムステルダム市内の自転車アップサイクル工房・ショップ

出典：筆者撮影

市の多様なイノベーション支援策を受けて誕生したスタートアップは数え切れません。既に紹介したジーンズのリース・リサイクル・再製造を行うMUD Jeansの他にも、スーパーマーケットや生産者から回収した廃棄食材を活用してイノベーティブな料理を提供するレストランチェーンInstock、余剰材料や廃棄物を企業間で取引するデジタルプラットフォームExcess Materials Exchange、サーキュラーシティの設計やコンサルティングを行うMetabolicなど、社会課題解決に志を持つ起業家たちによって、多くの事業が創出されています。

また、社会的公正を重視するドーナツ経済学の理念を反映し、労働市場から排

図6-5　アムステルダム市内のデニムアップサイクル工房・ショップ

出典：筆者撮影

除されがちな人々に就業機会を提供しスキルを向上させるといった、社会的包摂を目的に組み込んだビジネスも多く見られます。

その代表例の一つが、Werkplaats Amsterdam Oostという自転車のアップサイクルを手掛ける工房兼ショップです。ここでは障がいのある若者や長期の失業者を雇用し、自転車修理のスキルを磨く機会を提供しています（図6－4）。彼（女）らによっておしゃれに生まれ変わった色とりどりの自転車がショップに並び、なかには、数十万円という高価格で販売されているものもあります。

ジーンズ産業のサーキュラー化を支援

するイノベーションハブであるデニムシティも注目すべき取り組みです。このリサイクル工房兼ショップでは、若者にデニム製造の技術やサーキュラーデザインを教えたり、地元の学生にインターンシップの機会を提供することで、若者の失業対策と雇用創出に貢献しています（図6－5）。

さらに、BuurtBuik（ブールトバイク）と呼ばれるイニシアティブでは、スーパーマーケットやレストランなどから回収した商品を活用し、高齢者や低所得者などに無料の食事を提供するとともに、食事を通じて人々が交流する機会を提供しています。食品廃棄物の削減のみならず、社会的孤立の解消とコミュニティの強化にも資する活動は、ドーナツ経済学の原則を実践した好事例となっています。

2 サーキュラーシティづくりの要諦

先行するアムステルダム市の取り組みは、これからのサーキュラーシティづくりに大きな示唆を与えてくれます。

サーキュラーエコノミーという新たな経済システムの構築は、行政を司る地方自治体だけの努力で実現できるものではなく、国（中央政府）や企業を含む社会全体の協働が不可欠です。

しかし、アムステルダムの事例でわかるように、市政府は、政策の策定、税制や補助金などの経済的インセンティブの工夫、公共調達、公共施設や所有地の活用、都市デザイン・インフラの構築、市民の行動変容に向けた教育・啓発活動などを通じて、サーキュラーエコノミー実現に大きな影響力を及ぼすことができるのです。

アムステルダム市の取り組みに加えて、他の先行するEUの都市の例にも言及しながら、サーキュラーシティづくりにあたって重要となるポイントを確認していきましょう。

ビジョンとマイルストーンを明確にする

サーキュラーシティの実現は、市民や地域の事業者をはじめとする都市のステークホルダーに劇的な行動変革を迫るものです。何のために変革が必要なのか、変革の先にどのような未来が待っているのか、ステークホルダーに丁寧かつわかりやすく伝え、理解と共感を得ない限り、実現は不可能でしょう。サーキュラーシティづくりは、ステークホルダーに向けてのビジョンの提示と、その実現に向けたコミットメントの表明から始まるのです。

アムステルダム市は、2050年までに完全サーキュラーを目指すという、とてつもなく野心的な目標を公表するにあたり、その根底にある理念とスタンスを明確に市民に伝えています。2020年に公表したCE都市戦略プランの冒頭には、「私たちは、すべての人々の繁栄とウェルビーイングを最優先させる都市でありたい。そのためにサーキュラーエコノミーに完全に移行したい」とのメッセージが置かれています。

ステークホルダーにビジョンと理念を提示したうえで、次に重要となるのは、実現に向けた道筋と行動計画です。すべての変革に共通ですが、いつまでに何をするのか、どのような優先順位で進めるのか、そのための施策とアプローチはどのようなものか、できる限り具体的に示すことが重要となります。さらに、ロードマップを策定するだけでなく、その進捗をモニタリングし、情報をステークホルダーにオープンに共有し、理解を得ながら改善してゆくプロセスも大切です。

アムステルダムでは、前述したとおり、2050年までの通過点における具体的な達成目標を明示すると同時に、サーキュラーエコノミーへの移行状況について、都市内での資源フローの追跡、CO_2排出や廃棄物削減など環境影響の測定、雇用や社会的包摂など経済と社会へのインパクトをモニタリングし、「アムステルダム・サーキュラー・モニター」という年次レポートにおいて、詳細ながらもわかりやすく報告しています。

戦略的な梃子を活用する

サーキュラーシティづくりにあたっては、自治体の戦略的梃子活用が鍵を握ります。自治体が活用できる政策ツールには様々なものがありますが、なかでも公共調達は、新たに税金を使わずに効果を発揮できる効果的なツールです。公共調達は世界のGDPの15～20％を占め、そのほぼ半分は地方政府によるものといわれています。

サーキュラーエコノミーにおいて、モノの設計・製造を担うのは民間企業であり、モノを購入し消費するのは市民です。自治体は、公共調達という梃子を最大限に駆使することで、企業の設計・生産のあり方と市民の購入・消費のあり方を誘導することができるのです。

公共調達分野は、建設、家具、食品、包装など、様々な製品やサービスに及びます。2025年までに段階的に循環型の調達目標値を上げていくアムステルダム市のアプローチは、事業者に準備期間と猶予を与えながら、その行動変革を誘導するものです。

公共調達は、アムステルダム市と並んでサーキュラーエコノミーのモデル都市とされるフィンランドの首都ヘルシンキ市においても、強力な戦略ツールとして活用されています。同市の公共調達は、毎年20億ユーロを超え、市の歳出の約40％を占めています。

調達評価において、材料の保守性や修理可能性、リサイクル可能性などの要件を組み入れ、ライフサイクル評価にもとづく製品の購入もしくはサービスの利用を推し進めるなど、公共調達にサーキュラーエコノミーの原則を取り入れることで、資源の消費や廃棄物・CO_2排出の削減を図っています。

イノベーションを引き出す

サーキュラーシティづくりにあたっては、イノベーションの促進が不可欠です。この点、アムステルダム市がスタートアップのエコシステム形成に向けて重層的な支援メニューを用意している点は大変重要です。リニアからサーキュラーという非連続の転換がイノベーションなしに実現し得ないことはもちろんのこと、市内の事業者や起業家が新たなビジネスモデルや技術の開発に挑戦し、成長の機会を得ることが、持続的な成長を実現する重要な糸口となります。

アムステルダム市のほかにも、イノベーション支援に力を入れる都市は少なくありません。たとえば、ロンドン市は、持続可能なまちづくりを実現するための戦略として、2015年に「サーキュラーエコノミー」の概念を本格的に導入し、2017年にはサーキュラーエコノミーへ移行するためのルートマップ「Circular Economy RouteMap」を発表しています。このなかで、イノベーション創出とスタートアップ育成を重要な要素として位置づけ、施策を展開しています。

施策展開の中核を担っているのは、ロンドン市が英国政府の支援を得て設立したReLondon(LWARB－London Waste and Recycling Board の通称)です。市政府、企業、教育機関、市民団体とのパートナーシップのもとで、ロンドンにおける廃棄物削減と資源の循環を促すと同時に、イノベーション創出を主導しています。

ReLondonでは、スタートアップ企業を支援するアクセラレーター・プログラムのほかに、「アドバンスプログラム」と呼ばれるイニシアティブによって、市内の中小企業を支援しています。ロンドンの経済社会において重要な役割を担う中小企業が循環型ビジネスモデルを採用し、エコシステムの一翼を担うことが極めて重要であると考えているのです。

2017年以来、ReLondonは350社を超える中小企業にアドバイスと仲介サービスを提供し、80を超える循環型製品・サービスの立ち上げをサポートしたとされています。

また、サーキュラーシティを目指すベルギーの首都ブリュッセル市では、2016年に発表した「be circular be.brussels」という包括的なサーキュラーエコノミー戦略に沿って、スタートアップからスケールアップまでを一貫してサポートしています。スタートアップや中小企業の支援を行う「GreenLab Brussels」や循環型製造や修理を手掛ける企業のネットワークを支援する「Circlemade.brussels」といったプログラムが特徴的です。

市民協働を戦略の中核に置く

サーキュラーシティは、自治体にとっての最大のステークホルダーである市民の理解と協力なくして実現できません。この意味で、市民協働を取り組みの中核に置くことが不可欠となります。「モノを購入し、使用・消費し、廃棄する」という一連の行為を実行するのは市民一人ひとりであり、市民の意識と行動変容なしに、リニアエコノミーからサーキュラーエコノミーへの転換というシステムの変革は起こり得ないのです。

アムステルダムでは、市民を対象とした啓発と教育活動が包括的戦略の重要な柱に位置づけられています。サーキュラーエコノミーの重要性を伝えるイベントや展示会・ワークショップの開催、修理体験イベント、循環プロジェクト体験ツアー、アイデア募集など、それぞれは特別なものではありませんが、市民と対話し市民を巻き込むためのあらゆるアプローチが駆使されています。

包括戦略の重点分野として、市民にとって身近な食品や有機性廃棄物に焦点を当てている点も有効です。市民が早期に成果を体験することによって、サーキュラーエコノミーの意味やメリットを実感することができれば、取り組みを全体に広げていくことが可能になるからです。

サーキュラーエコノミーを推進する欧州の先進都市では、リペアカフェ、コミュニティガーデン、リサイクルショップ、サーキュラーラボなど、市民がサーキュラーエコノミーを目にし、触れ、体験し、学ぶ場であるサーキュラースポットが多く見られます。

アムステルダムのデ・クーベルはその一例ですし、スウェーデンのエスキルストゥナ市にあるReTuna（リトゥナ）も有名です。これは、世界初のリサイクルをコンセプトにしたショッピングモールで、市民が寄付した中古品を修理・リノベーション・アップサイクルして販売する店舗やカフェが集まっています。リサイクルや持続可能な消費に関するワークショップや学校向けプログラムなども提供し、消費者の意識変革や地域コミュニティの強化にも寄与しており、世界的に注目されています。

このほかにも多くのサーキュラースポットが存在しますが、代表例のひとつが、パリ市にあるLa Recyclerie（ラ・ルシクラリー）です。廃駅となった旧オルセー駅舎と線路等の鉄道遺産を有効活用し、地産地消レストランやリペア・リサイクルコーナー、都市農園、イベント・ワークショップスペースなどを兼ね備えています。

レストランで廃棄された食品を堆肥化し、その肥料を使った野菜や果物を再びレストランの食材として循環させたり、ＤＩＹスペースでは様々な工具が貸し出され、イベントスペースでは、常時市民や若者が集まり環境問題などについて熱く議論が交わされるなど、コミュニティの交流の場としても機能しています。環境保護と社会的包摂、文化教育活動を融合させた革新的なスポットです。

La Recyclerieを筆頭に、欧州のサーキュラースポットは、一様に、お洒落で洗練された魅力的なデザインです。日本で廃棄物のリサイクルという言葉からイメージされるものとは大きく異なっており、サーキュラーエコノミーが拓く未来を、そこに集う人々が楽しく体感できる場となっているのです。

3　日本の都市・地域の事例

アムステルダム市を中心に、サーキュラーシティの取り組みを概観してきましたが、翻って日本の状況はどうでしょうか。残念ながら、現時点において、サーキュラーシティ形成に向けた包括的戦略を展開している自治体はほとんど見られません。いくつかの先進的な自治体が、廃棄物の減量とリサイクルを中心とした3Rで成功を収め、その活動をサーキュラーエコノミーへと徐々に発展させる途上にあるのが現状です。ここでは、それらのなかから数例を紹介します。

徳島県上勝町——日本初の「ゼロ・ウェイスト宣言」

上勝町は、徳島県の山あいに位置する人口約1300人の小さなまちですが、サーキュラーエコノミーの実践では先進的な自治体です。日本で初めて「ゼロ・ウェイスト宣言」を行い、2016年に80%を超えるリサイクル率を達成し、その成功事例から学ぼうと国内外から視察者や観光客が訪れるまちへと変貌を遂げつつあります。

もともと、上勝町では過疎と高齢化が急速に進み、財政事情の悪化によってごみ処理にかか

図6-6　上勝町ゼロ・ウェイストセンター

クエスチョンマークの上半分に、ごみステーションがあり、その隣にリユースや交流用のスペースなどが配置されている。円形の建物がホテル WHY
出典：ゼロ・ウェイストタウン上勝 ホームページ：https://zwtk.jp/

る費用の捻出が困難となったことから、2003年に「2020年までに焼却・埋立処分をゼロにする」という意欲的な目標を設定しました。ごみを「減らす」ではなく、ごみを「出さない」社会を目指すというビジョンは、従来の3Rの発想を超えたサーキュラーエコノミー原則に合致する野心的挑戦で、そのために住民の主体的参加を促す施策に力を入れてきました。

上勝町のゼロ・ウェイスト活動の中心は、「ゼロ・ウェイストセンター」です（図6－6）。町民は、当センターに設置されたごみステーションにごみを自ら持ち込み、紙パック、食品トレイ、アルミ缶、衣類、食用油など、13品目43種類の区分に従ってボックスに投入します。ごみステーションの隣には、住民間でのリユースを促進するためのショップ、学習・交流のためのライブラリー、アップサイクルの工房があります。敷地内には、二〇二〇年にオープンした「ホテルＷＨＹ」というホテルもあります。廃材や古材を活用して作られており、このホテルは、滞在者がごみの分別を体験できるなどゼロ・ウェイストの取り組みを発信するショーケースにもなっています。

図６－６にあるとおり、ゼロ・ウェイストセンターはクエスチョンマークの形をしており、「なぜ、それを買うのか、捨てるのか」を消費者に問いかけ、「なぜ、それを作るのか、売るのか」を生産者に問いかけています。このように、ゼロ・ウェイストセンターは、単なるごみのリユース・リサイクルの場ではなく、環境学習と交流の場であり、そして私たちがごみや消費について考える場でもあるのです。

こうした上勝町の先進的な取り組みは、サーキュラーエコノミーに関心を持つ若者を惹きつけ、新たなビジネスと活気を生み出しています。「RISE & WIN Brewing Co.」という地ビールの醸造所は、ごみステーションから集められた廃材を使用し、上勝の地域特産品を使ったビールを販売する、若者に人気のスポットです。ほかにも、エコツーリズムやリペアサービス事業など、ゼロ・ウェイスト政策から派生した新たなビジネスが誕生しており、地域の雇用や交流人口、関係人口の増加をもたらしています。

上勝町の事例は、高齢化が進む小さな自治体ではありながらも、サーキュラーエコノミーに向けた意欲的なイニシアティブが、廃棄物の削減を超えて、コミュニティの強化、さらには地域のブランド力向上と経済の活性化をもたらしている優れた先進事例といえるでしょう。

鹿児島県大崎町——官民連携でサーキュラービレッジを目指す

上勝町同様に、小規模自治体ながらもサーキュラーなまちづくりで国内外から注目を集めているのが、人口1万2500人の鹿児島県大崎町です。日本一のリサイクル率を13年間にわたって維持し、現在は「サーキュラービレッジ構想」の実現に向けて官民連携を中心に取り組みを進めています。

大崎町の2022年度のリサイクル率は84％で、この高い数字の背景には住民主導のきめ細かい分別リサイクルシステムがあります。町民は、ごみを27種類に分別して排出し、ごみ袋に名前まで書く徹底ぶりです。

分別された資源は、リサイクルセンターに持ち込まれたのち、生ごみや草木などの有機性廃棄物は堆肥化され、農業用や家庭園芸用に利用されます。プラスチック、缶・びんなどの資源ごみは地元のリサイクルセンターにて中間処理され、リサイクル業者へ販売されます。

リサイクルによる売却益は、2022年までの17年間で累計約1億4000万円に上り、ごみ処理経費や地域人材育成に活用されています。また、リサイクルセンターでは40人程度の新たな雇用が生まれ、地域経済にも恩恵をもたらしています。

大崎町の取り組みは、2017年に「ジャパンSDGsアワード」内閣官房長官賞に選定されたほか、インドネシアの複数の自治体で大崎方式の導入が始まるなど、海外でも注目されています。

大崎町は84%という驚異的なリサイクル率を実現しましたが、残念ながら、住民と行政の力だけでは、リサイクル100%を実現することはできません。前述したとおり、完全な循環経済を実現するには、モノを作る企業も巻き込み、製品の設計から製造、消費、廃棄、回収、再資源化のバリューチェーン全体を変える必要があるのです。

こうした問題意識のもと、大崎町では、産官金の推進協議会を立ち上げ、町外の民間企業にも積極的に働きかけ、連携による解決策を模索しています。その事例のひとつが、ユニ・チャームとの協働による使用済み紙オムツから紙オムツ製品への水平リサイクルです。紙オムツは埋立ごみの3分の1を占める深刻な課題となっており、大崎町では隣町の志布志市と共に、紙オムツのリサイクルの実証実施を行っています。

3Rの優等生大崎町の挑戦は、まさにリサイクルエコノミーからサーキュラーエコノミーへの移行を象徴する事例といえるでしょう。

宮城県南三陸町——バイオマス産業都市構想

東日本大震災で甚大な被害を受けた宮城県南三陸町（2024年1月時点、人口約1万1800人）でも興味深い取り組みが進行しています。

南三陸町は、震災後すぐに策定した南三陸町震災復興計画において、町民が自然と共生をしながら安心して暮らせるまちづくりを進めると定めましたが、これを一歩推し進める形で、2014年に、南三陸町バイオマス産業都市構想を、震災復興を早くから支援してきた株式会社アミタの協力のもと、策定しています。

この構想の柱の一つが「南三陸ＢＩＯ」というバイオガス事業です。町内の家庭や事業所から出る生ごみやし尿、汚泥などを、メタン菌の働きによって発酵処理し、バイオガスと液体肥料（液肥）を生成します。生成された液肥は無料で配布され町内の農家や家庭菜園等で活用されています。この取り組みは化学肥料の使用量を削減した環境保全型農業の振興につながり、生産された米はブランド化され、町の特産品にもなっています。食品、生ごみ、農産品という循環が実現しているのです。

また、南三陸町では、町内にごみ焼却施設を持たないため、隣接する気仙沼市にごみの焼却を委託していましたが、生ごみをバイオガス工場で処理できることで、数億円に上る委託料を大幅に削減することができました。南三陸ＢＩＯを中核とする循環のフローは、図6－7のと

図 6-7　南三陸 BIO プロジェクト

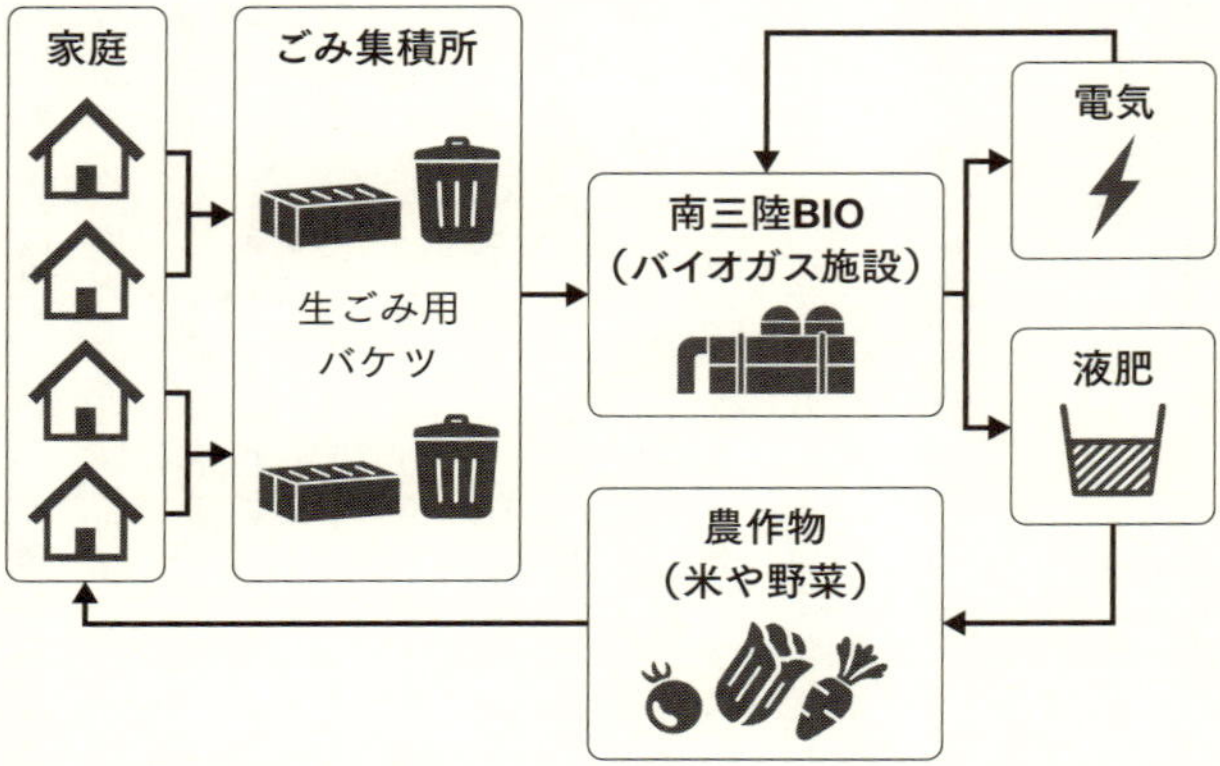

出典：https://www.nec-solutioninnovators.co.jp/company/co-creation/001/index.html

おりです。

バイオガス施設を稼働させるには、住民の自発的協力が前提となります。そのため、同町では市民ボランティアの協力も得て普及啓発に努め、生ごみ専用バケツでの24時間回収システムを構築し、さらにはアミタ・NECソリューションイノベータとのナッジを利用した実証実験などを繰り返しながら、分別生ごみ量の増加、異物混入率の減少を図り、バイオガス施設の安定操業を確保しています。

また、バイオガス施設の導入により、気仙沼市へのごみ運搬の仕事が減った地元運送会社が、液肥散布車を導入して農家への液肥散布事業に乗り出すなど、市民、民間企業の協力が、オペレーションを支えています。

震災からの復興、町長や町役場のリーダーシップ、町外企業であるアミタの全面協力という特殊条件があるものの、この取り組みを地道に支えているのは、地域の住民や企業であり、サーキュラーエコノミーの実現に不可欠な町内外の、セクターの垣根を越えた緊密な連携のあり方を示す好事例といえるでしょう。

鎌倉市――3Dラボが街の循環の拠点に

中規模以上の都市でサーキュラー化の取り組みが進む代表例としては、人口17万人の鎌倉市を挙げることができます。ナショナル・トラスト運動発祥の地でもある鎌倉市は、市民の高い環境意識が根づいており、人口10万人以上の都市におけるリサイクル率で圧倒的な全国1位を誇ります。

鎌倉市は、1990年代後半に深刻なごみ処理問題に直面し、焼却施設の老朽化や最終処分場の確保が困難となったことを背景に、2003年9月、焼却・埋立処分量を2030年までにゼロにする「ゼロ・ウェイスト宣言」を掲げました。以来、分別の細分化や生ごみの堆肥化、ごみ袋の有料化、リユースの推進など、数々の施策を実践してきました。2022年度のリサイクル率は56%で、第2位の国分寺市の45%を大きく離し、全国平均の19・6%と比較してもはるかに高い比率を達成しています。

ゼロ・ウェイスト政策の成功は、市内外の若者や大学、地域の事業者や市民団体のさらなる関心を惹きつけ、その延長線上に数多くのサーキュラーエコノミーに関連したイニシアティブやビジネスが生まれています。

そのなかでも注目されるのが、慶應義塾大学環境情報学部（ＳＦＣ）が中心となって進めている産官学民連携プロジェクトです。このプロジェクトの源流は、２０１１年に日本で初めて鎌倉に生まれたファブラボ（FabLab）です。

本来のファブラボのコンセプトは、市民が、これまでの生産者対消費者という二項構造を超えて、３Ｄプリンターやレーザーカッターなどを容易に利用できる環境のなかで、自分たちの「使う」ものを自分たちが「作る」文化の醸成を目指したもので、鎌倉市は２０１８年に日本で初めてのファブシティ宣言を行っています。

その後、プロジェクトの拡大に伴い、「作る」という概念が「循環する」という概念へと進化していきます。市民一人ひとりが「循環者」として、「モノ（物質）」にまつわるすべての工程——資源から材料、材料から製品、製品からリサイクル、そして再利用、循環へとつながる「バリューチェーン」全体——に対して、多様な方法で参加する循環社会を目指すものへとなっているのです。

プロジェクトでは、地域に設けられた「資源ポスト」に、市民がプラスチック容器やペットボトルなどを持ち込みます。それを材料として、公園のベンチや花壇のポットなどを大型の

3Dプリンターで作成し、市民の元に返すのです。同時に、資源を持ち込んだ市民には地域通貨のポイントを付与するなどして、お金も市内で循環することを目指しており、特徴のある先進事例となっています。

なお、同市では、AI、IoTセンサーなどのテクノロジーを活用しながら、廃棄物の循環をさらに進める取り組みを行ったり、さらには、サーキュラーエコノミーをテーマにスタートアップを生み出す活動にも力を入れ始めています。

北九州市――エコタウンからサーキュラーシティへ

大規模の政令都市や都道府県レベルでも、3Rの取り組みを発展させてサーキュラーエコノミーを標榜する取り組みが始動しています。そのなかでも、人口93万人の北九州市は、エコタウン事業を基盤に、産官学の連携によって活発な動きを進めています。

北九州市は、1997年より「北九州エコタウン事業」を推進し、資源循環社会の構築をリードしてきた自治体です。エコタウン事業とは、地域の産業蓄積を活かした環境産業の振興や、地域の独自性を踏まえた廃棄物の発生抑制・リサイクルの推進を目指した国の制度で、廃棄物・副産物の産業間利用とそれによる産業振興に重きを置くものです。

北九州市は、「ものづくりのまち」としての産業基盤や技術力、長年にわたる公害克服の過程で培われた人材とノウハウを活かし、日本初のエコタウン認定を受けて以来積極的な取り組みを進め、日本最大級となるリサイクル産業の集積地を形成してきました。地元企業、大学、行政が連携し、ある産業から出る廃棄物を他の分野の原料として活用するといった産業の集積地ならではの取り組みを行っています。同時に、プラスチックや家電、自動車、太陽光パネル、バッテリー、建設廃棄物、製鉄所副産物など、立地する産業の特性を活かした様々な分野におけるリサイクル技術の開発を進めています。

産業におけるリサイクル経済の推進で大きな成果を上げてきた同市ですが、近年は、より包括的なサーキュラーエコノミーの実現へと新たな歩みを進めています。2022年には、市内環境関連企業が中心となって「北九州循環経済ビジョン」が作成され、それを受けた北九州市は、産官学の協議会を発足させました。さらに2024年には、有機系地域資源のリサイクルによる自然循環経済の構築や、太陽光発電パネルのリユースにおけるビジネスモデル確立など、具体的なテーマに取り組む分科会も立ち上がっています。

長年に及ぶ環境都市づくりの蓄積、多岐にわたる製品・素材メーカーおよびリサイクル拠点の集積、産官学の緊密な連携基盤、という北九州ならではの強みを活かしたサーキュラーエコノミーのモデル創出に期待がかかります。

以上、5つの自治体の事例を概観しましたが、それぞれの地域の規模や直面する課題、地域内の人的・物的・技術的リソース、排出される廃棄物、住民の属性といった特性に応じて、アプローチが異なっていることがわかります。今後も、より多くの自治体がサーキュラーエコノミーの原則を取り入れ、それぞれの地域特性を活かしながら地域の経済成長や雇用創出を図るとともに、持続可能性と市民のウェルビーイング向上を目指し、歩みを進めていくことが望まれます。

第7章

市民力と地域力をつくり出す

これまで、サーキュラーエコノミーが環境再生のみならず経済革命であるとの観点から、政府、大企業、スタートアップ、さらには地方自治体（行政）の挑戦を概観してきました。

しかし、サーキュラーエコノミーの成否を担うのは、私たち一人ひとりの市民です。「モノを購入し、消費し、捨てる」という一連の行為者である私たちこそが主役なのです。そして、市民が主役であるというこの点にこそ、サーキュラーエコノミーの重要な意義と、サーキュラーエコノミーが拓く未来図があります。

この章では、市民主導のボトムアップの取り組みが、人と人とのつながりを生み出し、そこで暮らす人々のウェルビーイングを向上させると同時に、市民力を増強し地域を支え、地域の活性化へとつながってゆく可能性について考察します。

1　システム変革の主役を担う市民

サーキュラーエコノミー実現の主役となる市民の役割には、大きく2つの側面があります。一つは「モノを買って使う」という消費者の役割、もう一つは「捨てる」という廃棄者の役割です。この双方における行動変容が、リニアからサーキュラーエコノミーへのシステム変革には不可欠となります。

廃棄者としての市民の行動変革

一人ひとりの市民によるごみの分別の実践は、資源の循環利用を促進するうえで市民が果たすことのできる重要な役割です。「混ぜればごみ、分ければ資源」という標語があるように、いったん混ざってごみになってしまった場合、再資源化して生産活動に戻すまでには、複雑で労力とコストのかかるプロセスが必要になります。

たとえば、混合ごみの収集・運搬、大型の不適合物などを取り除く一次選別、破砕、二次選別、洗浄、乾燥、ペレット化などの再生処理、再資源化できなかった残渣の処理など、ごみを新たな資源として利用可能にするまでには数多くの複雑なプロセスを経る必要があります。さらに、それぞれの処理段階にエネルギー消費や人件費が伴いますし、多くのプロセスを経れば経るほど再生品の品質は劣化してゆきます。

市民一人ひとりが最初から丁寧かつ適切に分別することで、これらプロセスの多くの段階を省略することができ、再資源化の可能性を高めると同時に、地球環境への負荷とコストを低減することができるようになるのです。

廃棄という行為の後に、どのような仕組みでごみが処理され、焼却や埋め立てされているのか、あるいは再資源化されているのか、そのためにどれほどの化石エネルギーと税金が投入されているのか、どのような土壌汚染を引き起こしているのかなど、私たち市民が関心を寄せ、プロセスへの理解を深め、資源の循環に対して責任ある行動をとることが、未来の世代が地球の限界の中で豊かに暮らせるために不可欠です。

実際に、日本の3Rの活動が世界でも高く評価されるほどの成果を上げた要因の一つには、市民の積極的な分別行動と協力があります。自治体は、廃棄物・環境対策の観点から、ごみの減量やリサイクルなどの政策を推進し、市民への徹底した啓発活動や分別指導、学校教育の場の活用、さらにはごみ袋の有料化などの経済的インセンティブなどを駆使しながら、市民の分別行動を促してきたのです。

たとえば、横浜市は、10年間でごみの量を30％削減する目標を2003年に掲げ、3R活動を推進しました。行政による10分別15品目の分別収集システムの構築もさることながら、市民の積極的な協力が実を結び、当初の目標を5年前倒しで達成することができています。その成果によって、2008年に世界銀行から「環境配慮と経済成長を両立する世界の6つの都市」の一つに選ばれるなど、国際的にも高い評価を受けています。

前述した上勝町でも、大崎町でも、南三陸町でも、それぞれの地域における高いリサイクル率を支えているのは、住民の協力によるきめ細かい分別に他なりません。上勝町の場合には43品目、大崎町の場合には27品目、南三陸町では、魚の骨や貝殻の分別など、外国人からは「とても真似できない」と指摘されるほどの、住民の規律ある分別行動があって初めて成立するものなのです。

消費者としての市民の意識変容

市民は廃棄者であると同時に消費者です。第3章のビジネスモデルのところで説明したとおり、この消費者である市民のマインドセットが変わらなければ、企業の大量生産モデルは変わっていきません。

日本は、廃棄者としての意識は高いものの、残念ながら消費者としての意識はそれほどでもないのです。サーキュラーエコノミーについての消費者行動についての国際比較データは多くありませんが、頻繁に引き合いに出されるのが、プラスチックの過剰消費です。2018年6月に発表されたUNEP（国連環境計画）の報告書では、2014年の一人当たりプラスチック容器包装の廃棄量を国別で比較した場合、日本は米国に次いで2番目に多く、年間約32キログラムに相当するとされています。

2020年7月のレジ袋有料化に伴い、エコバッグの持参が現在では相当浸透していますが、有料化に先立って内閣府が2019年8月に実施した調査（「環境問題に関する世論調査」）においては、当時、レジ袋の使用が過剰だと感じていた人は約5割にとどまっていました。

もう一つの例が、個包装や過剰包装です。"Japan wraps everything in plastic（日本はすべてのものをプラスチックで包装する)"との見出しで始まる2019年6月9日付「ワシントン・ポスト」紙の電子記事は、「日本では、ベーグルが密封されたビニール袋に個々に包装され届けられ、そのベーグルが別のビニール袋に丁寧に詰められ、さらに他の買い物と一緒に3つ目のビニール袋に入れられることがある」と皮肉っています。

個包装については、食品の安全性の問題や清潔さ、便利さを重視する消費者行動がメーカーの行動を後押ししている面があると考えられます。また過剰包装についても、日本独特の贈り物文化が背景にあるのでしょう。こうした消費者意識が変わらない限り、いくら廃棄者としての意識が高くとも、サーキュラーエコノミーへの移行は困難と思われます。

なお、ドイツを拠点とするコンサルティング会社サイモン・クチャーアンドパートナーズが2021年に世界17カ国を対象に実施した消費者の持続可能性に関する意識調査（The Global Sustainability Study 2021）によれば、日本は持続可能性を重視する消費者の割合が22%と、17カ国中最も低くなっています。最も高いブラジルの74%や、2位のイタリア55%に比較して、圧倒的に低い数字です。

同様に、「持続可能性に対してプレミアムを支払う意思」に関しても、日本は最下位です。また、「過去5年間の消費行動の変化」について、日本の回答者の83%が「まったく無い」、もしくは「ほとんど無い」、としており、他の国に比べてその割合が突出しています。気候変動をはじめとする持続可能性への懸念が世界中で高まるなかで、日本人の消費意識はほぼ変わっていないという残念な結果となっており、私たち一人ひとりの意識変容が求められています。

2　市民セクター主導の活動

私たち市民は、廃棄者兼消費者ですが、それ以上に、私たちにはサーキュラーエコノミーの社会実装の担い手としての役割があるのです。

サーキュラーエコノミーの実現やサーキュラーシティづくりにおいて、行政主導型のいわばトップダウンのアプローチには限界があります。市民が自発的に、サーキュラーエコノミーの取り組みに挑戦し、他の多くの市民を巻き込んで社会全体の変革を推進していくようなボトムアップの動きが極めて重要で、世界では実際に、こうした取り組みが無数に実践されています。

市民セクター主導の取り組みにおいても、欧米発のケースが目立ちます。ここでは、とりわけ大きな社会的インパクトをもたらしている事例をいくつか紹介します。

リペアカフェ運動

市民が始めたサーキュラーエコノミーの社会実装活動の代表的な例に、リペアカフェ運動があります。リペアカフェとは、人々が壊れた電子・電気機器やコンピューター、自転車、家電、衣類などを持ち寄って、ボランティアから修理方法を学ぶコミュニティスペースです。カフェのようにリラックスした雰囲気で、気楽に立ち寄れる場所となっています。

リペアカフェ運動は、2009年にオランダのジャーナリストのマルティーン・ポストマが始めた活動です。2人目の出産を終えた彼女は、修理できるのに捨てられているモノの多さに気づき、アムステルダムで最初のリペアカフェを開催しました。

その後、活動は急速に広がり、オランダからベルギー、ドイツ、フランス、英国、米国などへと拡大し、現在では、インドや日本にも上陸しています。同団体のホームページによれば、2024年10月現在、世界で3295のリペアカフェが登録されており、1カ月に修理されるアイテム数は5万9310点に上るとされています。

リペアカフェは、「修理」を通じてモノを大切にする文化を復活させ、地域という小さな輪のなかでの循環を通じて資源の有効活用を促進します。さらには、地域住民が集い、楽しく交流する場であり、誰もが自分の手で修理ができるという喜びや、ボランティアとして教える喜びを得られる場としても機能しています。地域社会における世代間の交流を促し、コミュニティを強化し、人々のウェルビーイングをもたらす取り組みなのです。サーキュラーエコノミーが、環境・経済に加え社会も含む多面的な意義を有していることを示す、優れたイニシアティブといえるでしょう。

ひとりの女性ジャーナリストが始めたこの活動は、EUが法制度化を進める「修理する権利」にもつながっており、市民セクターの活動がサーキュラーエコノミーの進展に大きな影響を及ぼしたことが見て取れます。

ツールライブラリー運動

北米を中心に世界に広がっているツールライブラリー活動も、市民主導によるサーキュラーエコノミーの実践例です。ツールライブラリーとは、「モノの図書館」という概念にもとづき「本」ではなく「モノ」を貸し借りできるコミュニティスペースで、地域の非営利団体や地域コミュニティ、住民グループ、ボランティア等によって運営されています。

ここでは、ドリルやのこぎりなどのDIY工具、芝刈り機や除草機などのガーデニング用品、スポーツ用品、キャンプ用品、ゲームやパーティ用品、おもちゃなど、様々なモノが地域住民の間で共有されます。

一時的にしか使用しないものを「所有」するのではなく、地域内で「共有」することで、無駄な消費の抑制、使用頻度向上による資源効率を改善、廃棄物の削減を実現しているのです。

さらに、ツールライブラリーは、ツールの貸し借りを通じて、住民間で工具の使い方や最適な工具の選択、修理の方法などについて知識や技術を共有したり、ワークショップやＤＩＹイベントの開催を通じて住民が集まる場として重要な役割を果たしています。また、ライブラリーの運営やメンテナンスはボランティアによって成り立っていることから、参加住民の間での、ボランティア活動を通じた地域貢献意識の向上や、資源の共有による環境意識の醸成や連帯感などを育む効果があります。

米国オレゴン州ポートランド市には、6つの地域に分散してツールライブラリーが存在し、住民は近所のライブラリーを利用することができます。こうした取り組みは、Airbnb や Uber などの大きな循環のシェアリングエコノミー型のビジネスとは異なり、地域内の顔の見える小さな循環であり、社会的インパクトを生み出している市民活動の優れた事例といえます。

プレシャスプラスチック運動

プラスチック問題に挑む市民主導の興味深い事例が、オランダのデザイナー、デイブ・ハッケンズによって2013年に始められたプレシャスプラスチック（Precious Plastic）です。世界中の個人や組織が自由にプラスチックのリサイクル事業・活動に参加し、廃プラスチックから新たな製品を作ることを可能にする、非営利のオープンソースプロジェクトです。
プレシャスプラスチックのオンライン上には、プラスチックのリサイクルに必要となる機械の作り方や設計図、マニュアル、教育ビデオなどの情報が無料公開され、プラスチックリサイクル活動を誰でも自主的に始めることができます。リサイクル事業者は、オンラインプラットフォームを通じて、世界中の仲間とつながり、知識や情報を共有すると同時に、自ら制作したプラスチックリサイクル製品を販売することもできます。

同活動は、地域に密着した形で広がっており、日本でも、鎌倉、唐津、京都、福井などの地域でローカルな活動が展開されています。たとえば、「プレシャスプラスチック唐津」では、唐津の海に漂着したプラスチックごみを、プレシャスプラスチック機械を用いて、彩り豊かなフラワーポットやクジラの形をした生物多様性キーホルダーにアップサイクルする取り組みが展開されています。

プレシャスプラスチック運動は、プラスチック廃棄物という社会課題の解決に資するのみならず、地域コミュニティの結びつきの強化にも寄与するものといえます。同時に、市民の意識改革と行動変革にも大きなインパクトを与える意義深い取り組みと評価できます。

ワームホテル運動

２０１５年にアムステルダムで生まれた「ワーム（ミミズ）ホテル」と呼ばれるコンポスト（堆肥）活動も、地域住民が主体的に参画するサーキュラーエコノミーのイニシアティブです。

家庭で出る野菜や果物などの生ごみや落ち葉などを、ミミズのホテルと呼ばれる共同の大型コンポスト容器に持ち込み、ホテルの住人であるミミズによって廃棄物を分解し、栄養豊富な堆肥に変えます。完成した堆肥は、コミュニティガーデンでの野菜栽培や学校・家庭菜園、公園や街路樹の土壌改良、公共花壇の肥料などに使用され、地域内で循環されてゆきます。

コンポスト施設は、公園、コミュニティガーデン、集合住宅の共有エリアなどに設置され、その名のとおりミニホテルのようなデザインによって周辺の景観に溶け込んでいます。

市民は誰でもホテルのオーナーになることができ、ミミズに生ごみや落ち葉などを与え、管理を担います。さらに市民は、ホテルのデザイナー、建設者、土壌の専門家、堆肥製品の開発やミミズ容器の開発など、様々な形で経験やノウハウを提供し、コンポストコミュニティに関わることができます。

ごみの分別や資源の循環のみならず、持続可能な農業や都市の緑化に貢献し、地域住民のつながりを高めるワームホテル活動は、アムステルダムからオランダ各地へ広がっています。

3　人のつながりと地域の活性化

市民主導の活動をいくつか見てきましたが、これらの活動には、「人のつながり」を生み出すという大きな副産物があります。そしてこの点に、サーキュラーエコノミーの知られざる意義があるのです。

サーキュラーエコノミーにおいてはデジタルや金融がイネブラーとして重要となることは、第5章で見たとおりですが、実際の循環は、サイバー空間ではなく、リアル空間での原材料、モノ、廃棄物の流れとして行われます。そして、このリアルな循環を生み出し支えるのは、多くの場合、人であり、人と人とのやりとりなのです。

大量生産、大量消費、大量廃棄を支えた従来の中央集権型の経済社会システムでなく、より小さな地域・コミュニティに分散された形で営まれるリアルな循環のなかで、人と人とが関わり、交流し、つながっていくのが、サーキュラーエコノミーの副産物なのです。

インクレディブル・エディブルの挑戦

この観点からとても興味深い事例が、英国中部の町トッドモーデンで生まれた「インクレディブル・エディブル」と呼ばれる活動です。名称を日本語で表現すると、「信じられないかもしれないけれど、好きに採って食べられます」といったニュアンスでしょうか。気候変動や環境問題に危機感を覚え、持続可能なライフスタイルへの変革の必要性を感じたパメラ・ウォーハーストとメアリー・クリアという2人の女性が中心となってスタートさせた地域住民主導の草の根ボランティア運動です。

「インクレディブル・エディブル」の活動の中心に置かれているのが「食べること」です。食物は、年齢や学歴、収入にかかわらず、誰もが日常的に接し、興味を持って、関わっていくことができるものであり、土を通じて自然や生物多様性ともつながるものです。

活動では、住民ボランティアが、使用されていない土地や道路の脇などの公共のスペースに菜園をつくり、野菜や果物、ハーブを栽培し、町の住民たち誰もが、好きに収穫し食べたり持ち帰ることができるようにしています。町に散在する菜園を維持するため、住民がボランティアで定期的に畑作業を行います。

活動では、持続可能な食物の生産や消費に関する問題意識の向上も図っています。食物の栽培方法や、料理の仕方について学習する機会を提供し、また、見ず知らずの人々が集まって、テーブルを共にするキッチンも提供しているのです。さらには、住民に地元の食材を地元の商店から買うよう促し、同時に、地元の商店が地元食材を販売するよう働きかけることで、地産地消の経済圏の形成に努めています。

トッドモーデンでは、このユニークな活動に関心を持つ観光客が増加し、地元のレストラン・パブ、ホテル、民宿（ベッド&ブレックファースト）も経済的恩恵を受けると同時に、クラフトビールや、ジャムの製造販売を手掛けるスモールビジネスもいくつか生まれ、産業衰退によって英国政府から「貧困地域」に指定されたことのある町に活気が戻っています。

このような人々に持続可能な生活スタイルへの意識変容を促すという環境面のメリットや、地域経済の活性化といった経済面のメリットのみならず、この活動がなによりも重視しているのが、コミュニティの活性化です。

誰でも育てられて誰でも収穫できる菜園を触媒に、食物を育てる人、収穫する人、通りすがりの人々が互いに触れ合い、話し合う、市民の交流の場をつくり出しているのです。野菜やハーブを持ち帰るだけでなく、栽培技術や調理方法などの知識を互いに教え合うことを通じて、人々がつながり、絆が生まれていくのです。

実際に、引きこもりだった女性やダウン症の青年、ドラッグやアルコール依存症で治療中の人たち、ホームレスの人が、この活動に参加し、地域の人たちと共に畑仕事で汗を流したり、作業後に教会でランチを共にし交流することで、地域に包摂されていく事例が生まれています。

インクレディブル・エディブルの取り組みは、いまでは英国中のみならず、世界に広がっています。

つながり、ウェルビーイング、そして地域の力

インクレディブル・エディブルだけではありません。先に見たリペアカフェ、ツールライブラリー、プレシャスプラスチック、ワームホテルにおいても、市民活動を通じて、人と人のつながり、人と地域のつながりが生み出されてゆきます。

サーキュラーエコノミーだけが、人と人、人と地域をつなげることができるというわけではありませんし、地域・コミュニティ開発の観点からは、祭りやスポーツ、音楽なども大きな役割を果たし得るでしょう。しかし、サーキュラーエコノミーにおいては、食べ物やごみ・廃棄物、さらに場合によってはエネルギーといった、地域に住む人々全員が身近に感じ、暮らしていくうえで欠かせないものが触媒となっているため、地域社会へのインパクトは、より強く持続的になり得るのです。

人々が生きていくうえで不可欠なものの多くが、地域外に依存することなく、その地域内で循環するようになることは、災害や有事においても、人々の最低限の暮らしが回ることとともなり、地域のレジリエンス（強靭さ）を高めることに貢献します。同時に、そのやり取りのなかで生まれる人と人とのつながりは、人々の間の連帯感や共助の精神を涵養し、人々の地域に対

する愛着やコミットメントを増強します。そして、自分たちの住む地域を自分たちの手で回すという当事者意識が、地域の活力を育みます。

そして何よりも、地域のなかで人とつながりながら生きるということが、時に孤立化・孤独化してしまいがちな現代を生きる個人を地域の共同体に包摂していくことで、人々のウェルビーイングを向上させるとも期待されるのです。

ただし、こうしたポテンシャルを実現するためには、あらかじめ活動を推進する人が、人のつながりを生み出すこと、人と地域のつながりを結び直すことを意識することが肝要です。そうでなければ、単なる経済システムの変革に終わってしまいかねません。

これまでも、地域の活性化や開発にあたっては、コミュニティ・デザインと、それを実践できる人材が不可欠であるとされてきましたが、サーキュラーエコノミーの推進においては、そうした人材の確保がこれまで以上に重要となってくるのです。

第8章 日本の未来を拓く

サーキュラーエコノミーは日本にとってどのような意味を持つのでしょうか。

結論から言えば、サーキュラーエコノミーは、日本にとっての未来を拓く最大のチャンスです。そして、日本はサーキュラーエコノミーのグローバルリーダーになる大きなポテンシャルを有しています。これは決して夢物語ではありません。日本のポテンシャルについては、サーキュラーエコノミーを推進する海外の政府関係者や国際組織の幹部からも指摘されるところです。

ただし、そのためにはオールジャパンの力を結集し、戦略的に取り組むことが必要となります。こうした問題意識のもと、最終章では、サーキュラーエコノミーがもたらす日本の未来と、グローバルリーダーへの道筋を展望します。

1　出発点を確認する

サーキュラーエコノミーは、日本の3R政策が目的とした廃棄物対策を超えて、カーボンニュートラルに向けた環境政策であると同時に、経済革命であり、さらには人々のウェルビーイングを向上させる社会政策です。そのためには、ビジネスが変わり、町づくりが変わり、市民の意識と行動が変わり、行政、企業、市民の関わり方が変わらなければなりません。しかしながら、各論に入れば入るほど、私たちは出発点における問題意識を忘れがちです。

第1章を思い出してください。サーキュラーエコノミーの潮流は、プラネタリーバウンダリー（地球の限界）と気候危機から出発しています。再生エネルギーによる脱炭素化だけでは、2050年のカーボンニュートラルは達成できないのです。達成できなければ、私たち人類は、ティッピング・ポイントを超えた不可逆性により2100年には極めて暗い未来を迎えることになるというのが、プラネタリーバウンダリーの提唱者であるヨハン・ロックストローム博士の警告です。すでに、世界で自然災害が年々激化しており、熱波、山火事、洪水、巨大ハリケーン・台風が甚大な被害をもたらしています。不気味な予兆を私たち自身が肌身に感じているはずです。

もう一つ、とりわけ日本にとって深刻となるのが資源問題です。資源小国の日本は、エネルギー資源だけでなく、鉄鉱石、銅、アルミニウム、さらにはレアアースや希少鉱物資源も、その大部分を世界に依存しています。日本がこれからも科学技術立国、貿易立国として継続的に繁栄できるか否かは、安定的、持続的な資源の確保いかんです。

そもそも日本は、私たちが生存するに不可欠な食料の大部分すら自給ができていません。地政学リスクが高まり、気候変動が農業に大きな影響を与えるなか、今後もリスクは一層高まっていくでしょう。この意味において、一次資源の利用を最小化し、廃棄物から資源を生み出すサーキュラーエコノミーは、エネルギー・経済・食料の安全保障の観点からも不可避な選択に他なりません。

サーキュラーエコノミーの社会実装には、多くの難題が待ち受けていることは確かです。しかしそれが、自分たち、子どもたち、さらにはその子どもたちの未来に希望をつなぐために避けて通ることのできない挑戦であることを、私たちは念頭に置き続ける必要があるのです。

2　未来を共有する

出発点の確認と並んで重要となるのが、終着点の共有です。サーキュラーエコノミーが拓く未来とはどのようなものか。それが私たちにとってどんな意味やインパクトを持ち得るものか。未来は不確かではありますが、難題を乗り越えて前進するには、その解像度を少しでも上げ、互いに共有する必要があります。

まず、経済革命としてのサーキュラーエコノミーが拓く未来からです。本書で繰り返し述べたように、サーキュラーエコノミーは、新たな産業とビジネスのあり方を提示し、持続的な経済成長の可能性を拓きます。その方向性は、「グローバルからローカルへ」です。

モノの輸送に関わるカーボンフットプリントを考えてみましょう。この観点からは、サーキュラー（循環）の輪は小さければ小さいほど効果的です。サーキュラーエコノミーは、小さな地域のなかでのローカルなモノの循環を要請するのです。そこでは、製品のリペアや資源の再利用などを通じて地域に新たなビジネスと雇用機会が生まれ、地域の中小企業にとってもチャンスとなりうるのです。

ただ、地域で生まれるビジネスは、規模としては決して大きなものではないかもしれません。しかし、期待されるのは仕事の質の向上です。大都市において、高度な分業体制のもとで大きなシステムの一員（部品）として働くのとは異なり、地域において人とつながりながら働くことで、人に役に立つ実感がより直接的に持て、人から感謝される機会が伴う「より人間らしい仕事」が生まれることが期待されるのです。アムステルダムの自転車のアップサイクルのショップで見られるように、障がいのある人であっても作業に加わりやすく、社会的包摂の向上も期待されるでしょう。

当然ながら、すべてが地域の（ローカルの）小さな輪で解決できるわけではありません。小さな輪を束ねるより大きな地域単位の輪、さらには日本という国単位の輪も重要となり続けます。すべての資源を自給自足することはほとんどの国にとって不可能ですから、国を超えたグローバルな循環の輪もなくなることはありません。サーキュラーエコノミーでは、地域に密着したローカルなビジネス、リージョナルなビジネス、そしてグローバルなビジネスと、それぞれの役割と責任を果たす企業体が共存し補完しながら、持続的な経済発展を目指すことになります。

サーキュラーエコノミーがもたらすグローバルからローカルへのシフトは、自立分散型の社会を出現させます。地域での資源の循環は、地域の外部経済からの資源調達への依存を減らし、地域経済の中央経済・グローバル経済からの自立を促します。地産地消の再生エネルギーの活用と組み合わせれば、災害・有事における地域のレジリエンス（強靭さ）にも貢献できるでしょう。

日本は、明治維新以降、廃藩置県を行い、政治・経済・社会の中央集権化を強力に進めてきました。その結果が東京への極端な一極集中です。サーキュラーエコノミーは、この150年以上続いたパラダイムを、逆転させるドライバーでもあるのです。

第7章で見たように、この自立分散型社会を支えるのは、循環が育む、人と人とのつながり、人と地域のつながりです。このつながりが仲間意識や連帯感を育み、自分たちの地域のことは、地域に住む自分たちが力を合わせて解決するという当事者意識を涵養します。こうした地域力のパワーアップは、地域のレジリエンスに貢献するのみならず、草の根からの民主主義の再構築にもつながり得る可能性を秘めています。

3　アクションを起こす

では、日本がサーキュラーエコノミーを社会実装し、EU、さらには追い上げを図る中国などに伍して、グローバルリーダーの地位を確立し、日本発での世界への貢献を行っていくためには何が必要でしょうか。

明確なビジョンと野心的目標

まず何よりも重要となるのは、全体俯瞰的な問題意識に支えられた、明確なビジョンです。前述したサーキュラーエコノミーの出発点と終着点を共有し、そのうえで、国家ビジョンと戦略を描き切り、国民にその必要性と恩恵を伝えることから始めなければなりません。そして、ビジョンを具体的な数値目標に落とし込み、マイルストーンを設定すると同時に、実現に向けての法的枠組みの整備を行うことが求められます。

ここでの目標設定は、意欲的であることが重要です。高い目標であればこそ、企業のイノベーションと技術開発を誘発し、未来に高い関心を持つ若者たちの挑戦を喚起し、国民の行動変容を促進することができるからです。第4章と第5章で見たように、欧州で、EUの野心的なサーキュラーエコノミー政策に呼応して、企業のビジネスモデルと経営の変革が進み、スタートアップが多数創出されたことを、今一度認識すべきでしょう。

リーダーシップと司令塔

意欲的なビジョンを示し、高い目標に落とし込み、推進していくためには、強力なリーダーシップが欠かせません。

サーキュラーエコノミーの社会実装には、個々の企業の創意工夫と挑戦が必要ですが、個別の企業の自主的行動に委ねるだけでは、ビジョンは到底実現できません。大量生産・大量消費・大量廃棄モデルからの決別は、企業のビジネスモデル、業界の慣行やマインドセットの大転換を迫るものであり、短期的には経営にとっても痛みを伴うものです。

日本全体として目標を設定するにあたっても、個社の自主的な目標設定と、それを集計した業界ごとの積み上げ方式のようなボトムアップ方式では、パラダイム・シフトは実現し得ないのです。ストレッチされた目標が、全体俯瞰のうえでトップダウンによって提示されない限り、挑戦の歯車は回り始めません。

また、一部の企業だけが自ら高い目標を設定し挑戦するのでは、時に、その企業だけが競争上の不利益を短期に強いられることにもなりかねません。したがって、政府や自治体から高い目標が提示され、それに伴って事業展開のルールが整備されることが、産業界全体の変化を引き出すうえで重要となります。

資源や環境の制約に左右されず、未来に向けて競争力を持つ新たな産業を生み出し持続可能な成長を実現することは、この国の政治リーダーの責務です。

同時に、国家戦略の実践には、ガバナンスも重要です。

サーキュラーエコノミーの実現のためには、環境政策を担う環境省、資源・エネルギー・産業政策を担う経済産業省、地方創生に関わる総務省、農業や国土、水循環、デジタルなどの政策を担当する各省庁、さらには、日本の取り組みを世界に発信し、国際ルール形成に向けて世界と歩調を合わせる外務省も力を合わせる必要があるでしょう。また、社会実装の現場が地方自治体であり、その牽引役はスタートアップも含む経済界です。まさに、オールジャパンの総力戦です。

前述したフィンランドのSITRAは政府機関ではないものの、国全体のサーキュラーエコノミーの戦略推進にあたって実質的な司令塔の役割を果たしています。そのような、省庁や自治体、さらには経済界を横断できるような司令塔の存在が望まれます。世界を見渡しながら、日本の未来を展望できる体制を整えることが肝要であり、サーキュラーエコノミー庁といった推進組織の新設も視野に入れるべきでしょう。

イノベーションと技術革新

サーキュラーエコノミーの原則は「廃棄と汚染を出さない」ことです。廃棄と汚染をゼロにする経済システムを実現するには、難度の高いイノベーションや技術革新が不可欠です。

日本には、3R政策の展開のなかで培ってきた高度な技術力があります。家電のリサイクル技術や自動車ASR（破砕残渣）のリサイクル技術、貴金属や重要鉱物の回収技術、建設廃棄物のリサイクル技術、繊維の再生リサイクル技術など、枚挙にいとまがありません。

製品の減量化・軽量化の技術にも一日の長があります。レフィル用のスタンディングパウチ技術、パウチ容器の薄膜化技術、食品包装フィルムの薄膜化、液体濃縮、詰め替え用カートリッジの技術などは、一次資源の利用と廃棄の大幅削減を可能にしています。ペットボトルのラベル剥離技術も最先端レベルとされ、世界でもトップクラスを誇る日本のペットボトル・リサイクル率に大きく貢献しています。

しかし、3Rからサーキュラーエコノミーに移行し、廃棄と汚染をゼロにするには、これらの技術力の蓄積を超えて、新たな技術を手にする必要があります。

たとえば、製品設計においては、部品の交換や修理が容易となるモジュラー設計、リサイクル性・分解性の高い設計、再生材を投入できるような新たな設計のアプローチが開発されなければなりません。

バイオベース素材の開発も急務です。すでに多くの生分解性の原材料が開発されていますが、総じてコストや耐熱性、強度・安全といった性能、食料との競合問題など、まだまだ課題が多く残されています。また、リサイクル回数が増加しても物性の劣化が少ない素材の開発、単一素材で多機能を実現する材料開発（モノマテリアル化）が期待されます。

回収については、異なる素材の分離技術や廃棄物から貴重な重要鉱物資源を回収し高付加価値の素材・製品へと循環させる技術なども重要となります。

さらに、サーキュラーエコノミーの実現に不可欠なデジタル技術の開発も必須です。でも、ここには大きなチャンスが広がっています。すべてがサイバー空間で完結し得るネットやメタバースの営みと違って、サーキュラーエコノミーの営みは、リアルなモノの流れを扱います。デジタル・ＡＩでは米国や中国に後れをとった日本ですが、モノづくりはお家芸です。リアルとサイバーが結合するサーキュラーエコノミーの領域であれば、再度、世界をリードする可能性が残されていると考えます。

こうしたイノベーションの担い手は、企業であり、大学であり、研究機関です。サーキュラーエコノミーの国家ビジョンと戦略目標のなかで、開発すべき技術領域をマッピングし、研究助成を行ったり、技術の応用を促進するためのオープン・イノベーションを国や地方自治体主導で推進していくことが、重要な挑戦課題でしょう。

あらたな文化と行動規範の形成

サーキュラーエコノミーの実現には、私たち一人ひとりの意識変革が欠かせません。逆に、そうした意識改革が一定程度なければ、政治はリーダーシップを発揮できません。

もともと日本には、モノを大切にする「もったいない」という精神文化があります。ケニア出身の環境保護活動家でノーベル平和賞受賞者のワンガリ・マータイ（故人）は、2005年の来日時にこの言葉に感銘を受け、環境保護活動の世界共通言語として「MOTTAINAI」を提唱しました。こうした精神文化は、森林山岳国家であり、縄文時代を長く経験し、アニミズムの影響もあって自然との共生を身近に感じてきた日本人の生活に、長く根づいてきたものです。

残念ながら、戦後の高度成長期を経て、この「もったいない」精神は希薄化しています。あらためて自分たちのDNAを再確認し、「廃棄と汚染を出さない」ための行動規範を育んでいくことが、いま、求められています。過去10年、公教育においては、「SDGs」教育が実践されています。そうした教育の場において、サステナビリティ（持続可能性）からリジェネラティブ（環境再生）への時代の要請の進展とともに、サーキュラーエコノミーの意義と重要性が共有されていくことが望まれます。

ただし、ここで留意が必要です。欧州のサーキュラーエコノミーの先進スポットを訪れて強く感じるのは、サーキュラーエコノミーが、単に「もったいない」という精神で進められているものではないということです。むしろ、シンプルなライフスタイルこそが、「スマート」で、「クール」で、「トレンディ」なのです。したがって、教育や啓発の推進にあたっては、道徳的あるいは精神的なアプローチではなく、若者の間に浸透しつつあるエシカル消費のトレンドと併せ、やっていて楽しい、といったアプローチが不可欠だと感じます。そのためには、サーキュラーエコノミーの実践・牽引を、新しい感覚と感性を持った若い世代に委ねることも必要かつ有効でしょう。

ルールメーキングへの参画と人材育成

ここまで、日本国内での挑戦を概観してきました。しかし、サーキュラーエコノミーへの挑戦は、人類が直面する課題との対峙であり、グローバル規模での協調が必要となります。日本でいくら独自の活動を展開しても限界があるのです。

現在世界では、EUを中心に、急速な勢いでサーキュラーエコノミーのルールや国際標準づくりが進行しています。最も先行しているのは、ISO（国際標準化機構）の取り組みで、2018年にはISO／TC 323という委員会を設立し国際標準化を進めています。すでに、用語の定義や原則を定めるISO59004、ビジネスモデルやバリューチェーンのガイドラインを規定するISO59010、測定と評価のフレームワークを示すISO59202が開発されています。

欧州連合（EU）も、欧州標準化委員会（CEN）や欧州電気標準化委員会（CENELEC）などの標準化機関と連携し、サーキュラーエコノミーの実現に向けた包括的な規格体系の構築を目指しています。

サーキュラリティを測定するツールについても開発が進んでいます。たとえば、「持続可能な開発のための世界経済人会議（WBCSD）」は、2020年にサーキュラー・トランジション・インデックス（CTI）をリリースしています。CTIは、企業が事業活動の循環性を評価し、改善目標を特定し、進捗をモニターするための普遍的で一貫した方法を提供するもので、世界の標準となっていくポテンシャルを秘めています。

グローバル世界は、たとえ人類共通の環境問題や資源問題との対峙であっても、それぞれの国益がせめぎ合う冷徹な場所です。日本のグローバルリーダーシップの確立のためには、こうしたルールメーキングに積極的に参画し、自国の立場を主張しながらも、国際社会への貢献を行い、世界からキープレーヤーとして認められる必要があります。

この点、3Rでの豊富な実績と経験を梃子にすれば、日本は、主体的に世界のルールメーキングに参画し、日本発の規格を提案することもできるはずです。実際に、日本に期待を寄せる世界の関係者も少なからず存在しています。

ただし、日本の経験をサーキュラーエコノミーの国際ルールに反映する際には、日本と世界の文化的・社会的背景の違いを認識したうえで、日本の経験やノウハウを国際標準へと昇華させるアプローチが必須です。日本の成功を単に共有しただけでは、前提の異なる国々から称賛はされても実践にあたっては受け入れられず、国際ルールにはなり得ないからです。

この文脈において、サーキュラーエコノミーのグローバル規模でのルール形成を担える人材育成が急務となっています。日本におけるこれまでの3Rの取り組みの理解とサーキュラーエコノミーの専門知識を持ちながら、日本の経験や技術・ノウハウを多様な国々が合意できる普遍的なルールへと仕立ててゆく知恵と交渉力が求められるのです。残念ながら、欧州に比べて、この分野の人材育成プログラムは貧弱です。日本の文化的・社会的背景を踏まえたうえで、多様な国際社会で交渉を担えるリーダーシップ人材の養成は、あらゆる分野での日本の課題ではありますが、サーキュラーエコノミーにおいても最後は人材力が鍵を握ります。

明確な国家ビジョンと野心的な目標設定、リーダーシップと司令塔、技術力とイノベーション、セクターを超えた連携、新しい文化の醸成と発信、そしてルールメーキングへの積極参加と国際貢献。ハードルは決して低くはありませんが、日本にはポテンシャルが十分にあります。世界に称賛され世界に必要とされる日本を22世紀に向けて実現していくためにも、オールジャパンでのサーキュラーエコノミーへのコミットメントと協働が、今、求められています。

おわりに

2000年に10年ぶりに海外から帰国した私にとっての最大の関心は、経済敗戦したかのように沈滞した日本をいかにして再び元気にできるのか、でした。その答えの一つが民間活力の利用であると信じていた私は、英国で私自身が携わったPFI（プライベート・ファイナンス・イニシアティブ）の日本への導入を志し、日経文庫に『PFIの知識』を上梓させていただきました。そんな私が、20年の歳月を経て、人生で2冊目となる日経文庫をサーキュラーエコノミーをテーマに書く機会をいただくこととなりました。

私がサーキュラーエコノミーという概念に巡り合ったのは8年ほど前ですが、思い起こせばその原点となる問題意識は、私が副市長を務めさせていただいた横浜市役所での経験にさかのぼります。「G30」というごみを30％削減する野心的な目標を掲げ、市民と共に廃棄物処理問題に取り組んできた横浜市の取り組みは、世界からも注目を集め、世界銀行をはじめとする国際機関からも賞をいただくほどでした。まさに、3Rの取り組みにおいて、日本は世界をリードする先進国である、というのが紛れもない実感でした。

その後、私は、北京の清華大学での研究生活を経て、古巣のPwCにインフラ部門のアジア統括として復職し、日本の都市の課題解決ノウハウをアジアへと輸出することで日本が再び輝く道がないか、を模索しました。その際も、この横浜モデルを、あふれるごみ問題に悩む途上国へのソリューションにしようと、アジア開発銀行やアジア各国政府の幹部にプレゼンテーションを重ねた記憶があります。

日本が誇る3Rとサーキュラーエコノミーの違い、そして、サーキュラーエコノミーが持つポテンシャルを実感したのは、現職であるヴェオリア・ジャパンとの出合いでした。社長としてヴェオリアの世界各地の現場に足を運ぶ機会を得ました。欧州のリサイクル工場や廃棄物処理工場のスケールの大きさに目を見張るとともに、香港での下水道の汚泥からグリーンエネルギーを生み出す取り組み、モロッコでの廃棄されたオリーブや廃水を工場内の電力・用水へと循環させる取り組みに感心しました。オーストラリアでは、シドニーの生ごみを郊外まで運びコンポスト化して、廃坑となった鉱山のリハビリに役立てている現場に驚かされました。

欧州の政府関係者や先進企業の経営者とも交流機会を頻繁に持つなかで、資源制約と持続可能性への命題と立ち向かうべく新たな挑戦に邁進している姿に感銘を受けると同時に、3Rで世界を牽引した日本と日本企業にも、この分野のフロントランナーになれるはずとの確信を持つに至りました。

知己を有する日本企業の経営トップに声をかけ、世界のサーキュラーエコノミー動向を共に勉強するサロン（CEサロン）を始めました。2020年に経団連の環境委員長を拝命してからは、サーキュラーエコノミー推進の旗振りを情熱を持って行ってきました。3Rの基盤とモノづくりの技術を持つ日本こそが、世界のリーダーとなり、人類の未来に貢献できるはずだとの強い思いからでした。2021年1月に、当時の小泉進次郎環境大臣と経団連でサーキュラーエコノミー推進の合意ができたのは、もちろん小泉氏の先進性があってのことですが、私にとっても極めて感慨深い出来事でした。

この本を書かせていただいている現在、私は、経済産業省と環境省が共管で推進するサーキュラーパートナーズというプラットフォームでのWG座長を拝命しています。この数年間、人に会うごとにサーキュラーエコノミーという単語を連発し、「それって何ですか？」「必要あるんですか？」「儲かるんですか？」と訝しがられてきた私にとって、サーキュラーエコノミーと題する書籍が日経文庫から出版されること自体が、感無量の出来事です。

サーキュラーエコノミーの実現は、政治家、政策立案者、自治体の行政職員、企業経営者、起業家、社会活動家、さらには一人ひとりの市民が力を合わせて実現する総力戦です。ただ、この最後のあとがきでお伝えさせていただきたいのは、サーキュラーエコノミーの原動力は、文字面から連想されるような洗練されたビジョンや政策立案ではなく、モノや資源の生産、回収、再生の現場で、時に危険と向き合いながら働く多くの現場の方々の献身であるということです。

サーキュラーエコノミーを実際に動かしているのは、一つひとつのモノ、部品、廃棄物と向き合う、気の遠くなるような作業の集合体です。デジタル化や技術力で一部は補完し省力化できるものの、廃棄物が熱を帯び異臭すら漂わせる現場が不可欠です。そこで汗をかきながら働く人々の誠実な努力があってこそ、サーキュラリティは担保されます。こうした現場で働く人々が報われる環境をつくることも、サーキュラーエコノミー実現に欠かせないことを、あらためて心に念じたいと思います。

この本の執筆にあたっては、多くの方々から知見とサポートをいただきました。ここで紹介させていただいた知見は、この数年活動を続けてきたCEサロンでの議論で得た部分も多くあります。サロンを同志として立ち上げ共に運営いただいてきた東京大学教授の梅田靖氏、JX金属の元代表取締役社長の大井滋氏をはじめ、サロンでの議論に参加いただき共に学ばせていただいた経営者リーダーの友人の皆様に、あらためて謝意を表します。

また、欧州における先進的な取り組みについて多くの知見をいただいた駐日欧州連合特命全権大使のジャン゠エリック・パケ氏、元オランダ首相のヤン・ペーター・バルケネンデ氏、オランダの建築家・思想家のトーマス・ラウ氏、駐日オランダ大使館、オランダ政府、アムステルダム市の関係者の皆様にも、感謝を申し上げます。

最後に、経団連での環境委員会の活動を支えていただいた事務局の方々、助言をいただいたIDEAS FOR GOOD創刊者でHarch Inc.の創業者でもある加藤佑氏、そして、ヴェオリア・ジャパンで執筆に協力してくれた竹本健一氏ならびに宮川英樹氏、本書の編集にご尽力いただいた日経BPの堀口祐介氏に、心からのお礼を申し上げます。

サーキュラーエコノミーの実現への道のりはこれからが本番です。その途上には、規制やルールづくり、技術の開発、ビジネスモデルの変革を筆頭に、数え切れないほどのハードルが待ち受けています。でもそれは、次の世代に明るい未来を残すための不可欠な挑戦に他なりません。この本が、挑戦に立ち向かい前進を続ける仲間への一助となれば、これに勝る喜びはありません。

2025年2月

野田　由美子

pollution."『ワシントン・ポスト』June 18, 2019（https://www.washingtonpost.com/world/asia_pacific/japan-wraps-everything-in-plastic-now-it-wants-to-fight-against-plastic-pollution/2019/06/18/463fa73c-7298-11e9-9331-30bc5836f48e_story.html）

「アクセンチュアが提言『儲かるサーキュラーエコノミー』5つのビジネスモデル」『ビジネス・インサイダー』2020.12.13（https://www.businessinsider.jp/post-221447）

廣瀬 沙織「ミッションゼロ達成目前！インターフェイス社に学ぶビジネスモデルの変え方」『GOOD BUSINESS GOOD PEOPLE』（2018.4.19）（https://goodbusiness.jp/interface-awarehouse_1/）

井上 佐保子「CSRは営業活動の一部!? タイルカーペット世界一 インターフェイスのサステナビリティ戦略【2】」『GOOD BUSINESS GOOD PEOPLE』（2015.1.18）（https://goodbusiness.jp/interface-japan-sustainability-case-study-2/）

「ミシュラン、2050年までに100%サステナブルなタイヤを目指す」『日経クロステック』（2021.3.1）（https://xtech.nikkei.com/atcl/nxt/news/18/09736/）

「ブリヂストンとミシュラン、再生カーボンブラック利用拡大で連携 業界全体でのリサイクル活発化へ」「日刊自動車新聞電子版」（2021.11.22）（https://www.netdenjd.com/articles/-/258820）

那須清和「サーキュラーエコノミーハブ、サーキュラースタートアップの「聖地」を目指す。鎌倉サーキュラーアワード開催の背景とは。実行委員長らに聞く」（2024.8.22）（https://cehub.jp/interview/kamakura-circular-startup-award/）

トッドモーデン、古田尚也「食べることが人々をつなぐ」『地域人』Vo.55（2020.3）（https://nbs-japan.com/wp-content/uploads/2021/02/vol.55_62-67_compressed.pdf）

solutioninnovators.co.jp/company/co-creation/001/index.html）
北九州市ホームページ（https://www.city.kitakyushu.lg.jp/contents/924_11330.html）
Repair Cafe ホームページ（https://www.repaircafe.org/en/）（https://www.sussexliving.com/features/features/the-joy-of-the-repair-cafe/）
Precious Pastic ホームページ（https://www.preciousplastic.com/）
プレシャスプラスチック唐津ホームページ（https://karatsusdgs.com/）
Wormen Hotel ホームページ（https://wormenhotel.nl/）
Incredible Edible ホームページ（https://www.incredibleedible.org.uk/）
Resource Recycling Inc. Publication, Plastic Recycling Update, "Unilever has fallen short of recyclability goals"（May 1, 2024）（https://resource-recycling.com/plastics/2024/05/01/unilever-has-fallen-short-of-recyclability-goals/）
Think the Earth「使い捨て容器は不要　未来の消費活動を占う『LOOP』という仕組み」（2019.8.2）（https://www.thinktheearth.net/think/2019/08/043terracycle/）
トム・ザッキー,ローラ・アミコ「廃棄物削減には業界を超えた協働が欠かせない」インタビュー　プラスチックストローの削減から始まる『DIAMOND ハーバード・ビジネス・レビュー』（2020年8月号）（https://dhbr.diamond.jp/articles/-/6877）
西崎こずえ「ブロックチェーンで『情報の循環』を実現する。オランダ発のスタートアップCircularise」『サーキュラーエコノミーハブ』（2021.7.23）（https://cehub.jp/interview/circularise/）
Circularise, Case Studies,「Achieving visibility into the Porsche supply chain」（https://www.circularise.com/resource/achieving-visibility-into-the-porsche-supply-chain）
加藤佑「オランダ最大手ING銀行に聞く、サーキュラーエコノミーは金融をどう変えるか？」『IDEAS FOR GOOD』（2020.1.30）（https://ideasforgood.jp/2020/01/30/ing-circular-economy-2/）
"Japan wraps everything in plastic. Now it wants to fight against plastic

klp-pr-2021-21.pdf
Terracycle ホームページ（https://www.terracycle.com/ja-JP/?srsltid=AfmBOoriNgLVysP3SGry0JNpaWzVP45WP7Xa5Mx0dvQ0AMjnclOeeoXN）
TOMRA ホームページ（https://www.tomra.com/ja-jp）
Umicoreホームページ（https://www.umicore.jp/jp/）
住友商事ホームページ（https://www.sumitomocorp.com/ja/jp/business/case/group/261）
Madaster ホームページ（https://madaster.com/inspiration/amsterdam-metropolitan-area-uses-material-passports-to-boost-the-circular-economy-in-the-region/）
SAPホームページ（https://news.sap.com/japan/2022/07/greentoken-circular-economy/）
Intesa Sanpaolo ホームページ（https://group.intesasanpaolo.com/en/sustainability/support-to-esg-transition/support-to-circular-economy）
Circular Economy Lab ホームページ（https://www.circulareconomylab.it/content/circularEconomy/en.html）
BlackRock ホームページ（https://www.blackrock.com/jp/individual/ja/about-us/ceo-letter/archives/2020-blackrock-client-letter）
アムステルダム市ホームページ（https://www.amsterdam.nl/en/policy/sustainability/circular-economy/）
Doughnut Economics Action Lab（DEAL）ホームページ（https://doughnuteconomics.org/about-doughnut-economics）
ReLondon ホームページ（https://relondon.gov.uk/）
Be circular be.brusselsホームページ（https://www.circulareconomy.brussels/?lang=en）
ゼロ・ウェイストタウン上勝ホームページ（https://zwtk.jp/）（https://www.chillnn.com/177bcc0b991336）
OSAKINIプロジェクト ホームページ（https://www.osakini.org/）（https://www.town.kagoshima-osaki.lg.jp/sy_kanko/machiannai/koho/r5-osaki/documents/osaki20230503.pdf）
NECソリューションイノベータ ホームページ（https://www.nec-

Veolia Environment SA ホームページ（https://www.veolia.com/en）
Fairphone ホームページ（https://www.fairphone.com/nl/2023/12/19/ifixit-thinks-the-fairphone-experiment-is-fixing-the-tech-industry/）
Back Market ホームページ（https://www.backmarket.co.jp/ja-jp/about-us）
MUD Jeans ホームページ（https://mudjeans.com/?srsltid=AfmBOoppvVEh38lMbfgrfRI3dgoVFaSiIGgvwcLjIXLqn9xcKUg6dGi_q&country=JP）
Toast Ale ホームページ（https://www.toastbrewing.com/about-us）（https://www.toastbrewing.com/uploads/tinymce/ToastAleNews-EquityForGood2022.pdf）
Too Good to Go ホームページ（https://www.toogoodtogo.com/en-us）
Philips ホームページ（https://www.philips.com/a-w/about/environmental-social-governance/environmental/circular-economy.html）
Michelin ホームページ（https://www.michelin.com/en/group）（https://news.michelin.co.jp/articles/michelin-tires-will-be-100-sustainable-in-2050）（https://news.michelin.co.jp/articles/make-everything-sustainable-michelin-announces-strategy-to-2030）（https://emira-t.jp/special/24369/
Unilever ホームページ（https://www.unilever.com/files/92ui5egz/production/b09c3510ee7cec58440d5f044f02bdefe85aa186.pdf）
Interface ホームページ（https://www.interface.com/US/en-US.html）
Patagonia ホームページ（https://www.patagonia.jp/worn-wear/）
パタゴニアプロビジョンズホームページ（https://www.patagoniaprovisions.jp/pages/inside-provisions）
ユニクロホームページ（https://www.uniqlo.com/jp/ja/contents/sustainability/planet/clothes_recycling/re-uniqlo/）
花王ホームページ（https://www.kao.com/jp/newsroom/news/release/2021/20211105-001/）（https://www.kao.com/content/dam/sites/kao/www-kao-com/jp/ja/corporate/sustainability/pdf/

practice/cycle/pdf/CEreport_JPN_2022_web.pdf)
Ellen Macarthur Foundation,The circular economy as a de-risking strategy and driver of superior risk-adjusted returns, 22 July 2021（https://www.ellenmacarthurfoundation.org/the-circular-economy-as-a-de-risking-strategy-and-driver-of-superior-risk）
ING, "Rethinking finance in a circular economy," May 2015（https://think.ing.com/uploads/reports/Financing_the_Circular_Economy.pdf）
エレンマッカーサー財団ホームページ（https://www.ellenmacarthurfoundation.org/）
J4CE（循環経済パートナーシップ）ホームページ（https://j4ce.env.go.jp/casestudy）
サーキュラーパートナーズ（CPs）ホームページ（https://www.cps.go.jp/）
環境省ホームページ（https://www.env.go.jp/content/000138209.pdf）（https://plastic-circulation.env.go.jp/）（https://www.env.go.jp/content/000229697.pdf
JETROホームページ（https://www.jetro.go.jp/ext_images/world/asia/cn/law/pdf/invest_043.pdf）（https://www.jetro.go.jp/biznews/2021/07/89bde6227de38353.html）
Sitraホームページ（https://www.sitra.fi/en/projects/circular-economy-teaching-levels-education/）
NSTDAホームページ（https://www.nxpo.or.th/th/bcg-economy/）
BMWホームページ（https://www.bmwgroup.com/en/sustainability/circular-economy.html）
Appleホームページ（https://www.apple.com/environment/pdf/Apple_Environmental_Progress_Report_2022.pdf）
Microsoftホームページ（https://query.prod.cms.rt.microsoft.com/cms/api/am/binary/RE4RwfV）
Adidasホームページ（https://www.adidas.jp/go/campaign/impact/planet）
IKEAホームページ（https://www.ikea.com/jp/ja/this-is-ikea/climate-environment/becoming-a-circular-business-pub40dc71c0/）

LOI n° 2020-105 du 10 février 2020 relative à la lutte contre le gaspillage et à l'économie circulaire (1)（https://www.ecologie.gouv.fr/loi-anti-gaspillage-economie-circulaire#:~:text=La%20loi%20anti%2Dgaspillage%20pour%20une%20%C3%A9conomie%20circulaire%20entend%20acc%C3%A9l%C3%A9rer,la%20biodiversit%C3%A9%20et%20le%20climat）

JETROアジア大洋州主要国のサーキュラーエコノミー実態調査（2024.3）（https://www.jetro.go.jp/world/reports/2024/01/4713697e5193d214.html）

Association of Southeast Asian Nations, "ASEAN adopts framework for Circular Economy", October 21, 2021（https://asean.org/asean-adopts-framework-for-circular-economy/）

THE FUTURE IS CIRCULAR: UNCOVERING CIRCULAR ECONOMY INITIATIVES IN INDONESIA（https://lcdi-indonesia.id/wp-content/uploads/2023/02/230206_Buku-CE-ENG-version-lowres.pdf）

Vietnam, National Action Plan on Sustainable Consumption and Production（2021-2030）（https://faolex.fao.org/docs/pdf/vie213439.pdf）

環境省『環境白書・循環型社会白書・生物多様性白書』（令和3年版）（https://www.env.go.jp/policy/hakusyo/r03/html/hj21010202.html）

経済産業省「成長志向型の資源自律経済戦略」（2023.3.31）（https://www.meti.go.jp/press/2022/03/20230331010/20230331010-2.pdf）

「新しい資本主義のグランドデザイン及び実行計画 2024年改訂版」（2024.6.21）（https://www.cas.go.jp/jp/seisaku/atarashii_sihonsyugi/pdf/ap2024.pdf）

日本経済団体連合会「サーキュラー・エコノミーの実現に向けた提言」（2023.2.14）（https://www.keidanren.or.jp/policy/2023/008.html）

「リコーグループ サーキュラーエコノミーレポート2022」（https://jp.ricoh.com/-/Media/Ricoh/Sites/jp_ricoh/environment/

commission/presscorner/detail/en/ip_19_6355)
eurostat, News articles 13 December 2022, "EU's circular material use rate decreased in 2021" (https://ec.europa.eu/eurostat/web/products-eurostat-news/w/ddn-20221213-1)
Circle Economy, The Circularity Gap Report 2021 (https://www.circle-economy.com/resources/circularity-gap-report-2021)
Deloitte Global 2024 Gen Z and Millennial Survey (https://www.deloitte.com/global/en/issues/work/content/genz-millennialsurvey.html)
Kucher, S., Global Sustainability Study 2021 (https://www.across-magazine.com/wp-content/uploads/2022/06/10.-2021-Germany-Int.-Simon-Kucher_Global_Sustainability_Study_.pdf)
A Circular Economy in the Netherlands by 2050, The Ministry of Infrastructure and the Environment and the Ministry of Economic Affairs, also on behalf of the Ministry of Foreign Affairs and the Ministry of the Interior and Kingdom Relations. September 2016 (https://circulareconomy.europa.eu/platform/sites/default/files/17037circulaireeconomie_en.pdf)
National Agreement on the Circular Economy Letter of intent to develop transition agendas for the Circular Economy together (file:///home/chronos/u-f312cf6885387062a2c0159fb1c5bf80ae1a2464/MyFiles/Downloads/Letter+of+intent+to+develop+transition+agendas+for+the+Circular+Economy+together%20 (1).pdf)
Government of the Netherlands, National Circular Economy Programme 2023-2030 (https://www.government.nl/documents/reports/2023/09/27/national-circular-economy-programme-2023-2030)
Circular Economy Roadmap for Germany acatech/Circular Economy Initiative Deutschland/SYSTEMIQ (Eds.) Update December 2021 (https://circulareconomy.europa.eu/platform/sites/default/files/circular_economy_roadmap_for_germany_en_update_dec._2021.pdf)

EUROPEAN PARLIAMENT, THE COUNCIL, THE EUROPEAN ECONOMIC AND SOCIAL COMMITTEE AND THE COMMITTEE OF THE REGIONS, A new Circular Economy Action Plan（https://eur-lex.europa.eu/legal-content/EN/TXT/HTML/?uri=CELEX:52020DC0098）

REGULATION（EU）2023/1542 OF THE EUROPEAN PARLIAMENT AND OF THE COUNCIL of 12 July 2023 concerning batteries and waste batteries, amending Directive 2008/98/EC and Regulation（EU）2019/1020 and repealing Directive 2006/66/EC（https://eur-lex.europa.eu/legal-content/EN/TXT/HTML/?uri=CELEX:32023R1542）

EU Commission

Proposal for a Regulation on circularity requirements for vehicle design and on management of end-of-life vehicles, 13 July 2023（https://environment.ec.europa.eu/publications/proposal-regulation-circularity-requirements-vehicle-design-and-management-end-life-vehicles_en）

DIRECTIVE (EU) 2024/1799 OF THE EUROPEAN PARLIAMENT AND OF THE COUNCIL of 13 June 2024 on common rules promoting the repair of goods and amending Regulation（EU）2017/2394 and Directives（EU）2019/771 and（EU）2020/1828（https://eur-lex.europa.eu/legal-content/EN/TXT/PDF/?uri=OJ:L_202401799）

REGULATION（EU）2024/1781 OF THE EUROPEAN PARLIAMENT AND OF THE COUNCIL of 13 June 2024 establishing a framework for the setting of ecodesign requirements for sustainable products, amending Directive（EU）2020/1828 and Regulation（EU）2023/1542 and repealing Directive 2009/125/EC（https://eur-lex.europa.eu/legal-content/EN/TXT/PDF/?uri=OJ:L_202401781）

EU Commission, Press Release, Nov 28, 2019

"More than half of EU consumers have environmental impact in mind when shopping, new survey reveals"（https://ec.europa.eu/

G., Fiedler, S., Gerten, D., Gleeson, T., Hofmann, M., Huiskamp, W., Kummu, M., Mohan, C., Nogués-Bravo, D., Petri, S., Porkka, M., Rahmstorf, S., Schaphoff, S., Thonicke, K., Tobian, A., Virkki, V., Weber, L. & Rockström, J. 2023. Earth beyond six of nine planetary boundaries. *Science Advances* 9, 37. (https://www.stockholmresilience.org/research/research-news/2023-09-13-all-planetary-boundaries-mapped-out-for-the-first-time-six-of-nine-crossed.html)

Caesar, L., Sakschewski, B., Andersen, L. S., Beringer, T., Braun, J., Dennis, D., Gerten, D., Heilemann, A., Kaiser, J., Kitzmann, N.H., Loriani, S., Lucht, W., Ludescher, J., Martin, M., Mathesius, S., Paolucci, A., Wierik, S. te, Rockström, J., 2024, Planetary Health Check Report 2024. Potsdam Institute for Climate Impact Research, Potsdam, Germany. (https://www.planetaryhealthcheck.org/storyblok-cdn/f/301438/x/a4efc3f6d5/planetaryhealthcheck2024_report.pdf)

OECD, *OECD Environmental Outlook to 2050: The Consequences of Inaction*, OECD Publishing, Paris, 2021 (https://doi.org/10.1787/9789264122246-en)

ISO 59004:2024 Circular economy — Vocabulary, principles and guidance for implementation (https://www.iso.org/obp/ui/en/#iso:std:iso:59004:ed-1:v1:en)

COMMUNICATION FROM THE COMMISSION TO THE EUROPEAN PARLIAMENT, THE COUNCIL, THE EUROPEAN ECONOMIC AND SOCIAL COMMITTEE AND THE COMMITTEE OF THE REGIONS Closing the loop - An EU action plan for the Circular Economy (https://eur-lex.europa.eu/resource.html?uri=cellar:8a8ef5e8-99a0-11e5-b3b7-01aa75ed71a1.0012.02/DOC_1&format=PDF) (Directive (EU) 2019/904 on reducing the impact of certain plastic products on the environment https://eur-lex.europa.eu/legal-content/EN/TXT/HTML/?uri=LEGISSUM:4393034)

COMMUNICATION FROM THE COMMISSION TO THE

参考文献・資料

ピーター・レイシー, ジェシカ・ロング, ウェズレイ・スピンドラー（アクセンチュア翻訳）『サーキュラー・エコノミー・ハンドブック：競争優位を実現する』日本経済新聞出版, 2020

Rau, T. Oberhuber, S., *Material Matters: Developing Business for a Circular Economy*, Routledge, 2022

Copernicus Climate Change（https://climate.copernicus.eu/second-warmest-december-confirms-2024-warmest-year）

OECD（https://www.oecd.org/en/publications/global-plastics-outlook_de747aef-en.html）

国連調査訓練研究所（https://unitar.org/about/news-stories/press/global-e-waste-monitor-2024-electronic-waste-rising-five-times-faster-documented-e-waste-recycling）

国連広報センター（https://www.unic.or.jp/news_press/features_backgrounders/32952/）

IUCN, Microplastics in the Ocean: a Global Evaluation of Sources, Julien Boucher, Damien Friot, 2017

IUCN（https://portals.iucn.org/library/sites/library/files/documents/2017-002-En.pdf）

国際連合食糧農業機関（FAO）（https://www.fao.org/platform-food-loss-waste/resources/multimedia/video/fao-food-policy-series-food-loss-and-waste/en#:~:text=Approximately%2030%25%20of%20food%20produced,1.3%20billion%20tonnes%20of%20food.）

United Nations Environment Programme: Global Resources Outlook 2024 Summary for Policymakers: Bend the Trend – Pathways to a liveable planet as resource use spikes. International Resource Panel. Nairobi.（https://wedocs.unep.org/20.500.11822/44902）

Richardson, K., Steffen, W., Lucht, W., Bendtsen, J., Cornell, S.E., Donges, J.F., Drüke, M., Fetzer, I., Bala, G., von Bloh, W., Feulner,

著者略歴

野田 由美子（のだ・ゆみこ）

バンク・オブ・アメリカ東京支店、日本長期信用銀行（本店・ニューヨーク支店・ロンドン支店）勤務を経て、1998年にPwC（英国）に入社。その後、PwC日本に移り、日本のPFI・PPP市場の創設に貢献。横浜市副市長、清華大学日本研究センター（北京）シニアフェロー、PwCアドバイザリーインフラ部門統括を経て、2017年にヴェオリア・ジャパン合同会社代表取締役社長に就任。現在、同社代表取締役会長。その他、日本経済団体連合会副会長・環境委員会委員長、経済同友会地域共創委員会委員長、内閣官房「新しい地方経済・生活環境創生会議」委員、経済産業省「サーキュラーエコノミーに関する産官学パートナーシップ」ガバニングボード等を務める。著書に『日経文庫 PFIの知識』、編著に『都市輸出』など。東京大学文学部、ハーバード大学ビジネススクール卒(MBA)。

日経文庫

サーキュラーエコノミー

2025年 3月14日　1版1刷

著　者　野田由美子
発行者　中川ヒロミ
発　行　株式会社日経BP
日本経済新聞出版
発　売　株式会社日経BPマーケティング
〒105-8308　東京都港区虎ノ門4-3-12

装幀　next door design
組版　マーリンクレイン
印刷・製本　シナノ印刷

 ISBN978-4-296-12089-5
Printed in Japan